Monika Strobl

30 Stimmbildungsgeschichten zum Nach- und Mitmachen

Richtige Atmung, Aussprache und Stimmführung spielerisch fördern

Verlag an der Ruhr

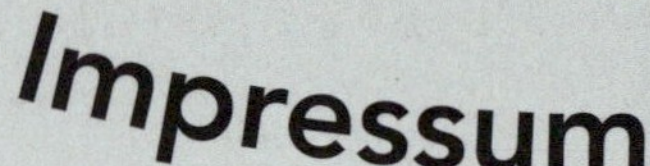

Impressum

Titel
30 Stimmbildungsgeschichten zum Nach- und Mitmachen –
Richtige Atmung, Aussprache und Stimmführung spielerisch fördern

Autorin
Monika Strobl

Titelbildmotiv
© senina – Fotolia.com

Illustrationen
Männchen (auch an den Seitenzahlen), Kinderchor: © senina – Fotolia.com
ansonsten wie an der Illustration angegeben

Druck
Heenemann GmbH & Co. KG, Berlin, DE

Verlag an der Ruhr
Mülheim an der Ruhr
www.verlagruhr.de

Geeignet für 5 bis 10 Jahre

Nachdruck 2024

ISBN 978-3-8346-2505-2

PEFC zertifiziert
Dieses Produkt stammt aus nachhaltig bewirtschafteten Wäldern und kontrollierten Quellen.

www.pefc.de

Inhaltsverzeichnis

Vorwort ... 4

Grundlegendes zur Stimmbildung 5
Singen mit Kindern ... 6
Die Kinderstimme ... 8
Körperübungen ... 10
Atem- und Sprechübungen ... 11
Stimmübungen ... 13
Zum Einsatz der 30 Stimmbildungsgeschichten ... 16

30 Stimmbildungsgeschichten 17

Thema: Jahreskreis ... 18
1. Winter ... 18
2. Fasching/Karneval ... 20
3. Frühling ... 22
4. Ostern ... 24
5. Geburtstag ... 26
6. Sommer ... 28
7. Herbst ... 30
8. Frohe Weihachten! ... 32

Thema: Tiere ... 34
9. Im Dschungel ... 34
10. Im Zoo ... 36
11. Auf dem Bauernhof ... 38
12. Der Ponyausflug ... 40
13. Im Wald ... 42
14. Im Meer ... 44
15. Der Vogelchor ... 46

Thema: Spiel, Sport und Freizeit ... 48
16. Das Sportfest ... 48
17. Die Bergtour ... 50
18. Im Zirkus ... 52
19. Die Bootsfahrt ... 54
20. Schwimmen ... 56
21. Die Ballonfahrt ... 58
22. Das Wettrennen ... 60

Thema: Spannendes und Fantastisches ... 62
23. Spürnasen ... 62
24. Auf Schatzsuche ... 64
25. Gespenster ... 66
26. Auf Burg Stotterstein ... 68
27. In der Hexenschule ... 70
28. Die kleinen Vampire ... 72
29. Piraten ... 74
30. Raumfahrt ... 76

Medientipps ... 78

Vorwort

Stimmbildungsübungen führen in der Schule oft ein Mauerblümchendasein. Viele Lehrer* haben keine Erfahrung und keinen Zugang zum Thema oder finden Stimmbildungsübungen weniger relevant für die Entwicklung ihrer Schüler. Dabei werden gerade durch solche Übungen die Grundlagen für einen angemessenen Umgang mit der eigenen Stimme geschaffen.

Jedem Singen sollten einige Übungen zum Warmmachen der Stimme vorausgehen – ähnlich wie bei einem Sportler, der sich aufwärmt. Und damit diese Übungen nicht allzu „trocken" daherkommen, finden Sie in diesem Buch 30 thematisch verschiedene Geschichten, in denen die Stimmbildungsübungen eingebunden sind. Je nach Stundeninhalt können Sie so ein Thema auswählen und die Stimmbildungsgeschichte an Ihren Unterricht anpassen.
Die Übungen sind einfach und leicht auszuführen, sodass auch fachfremde Lehrkräfte gut damit zurechtkommen können. Schwierigere tonale Übungen, die zumindest grundlegende musikalische Fähigkeiten voraussetzen, finden Sie in den Literaturangaben (S. 78).

In diesem Buch wurde ganz bewusst auf komplexere Tonübungen verzichtet – zum einen, um die Geschichten möglichst leicht nachvollziehbar zu machen, und zum anderen, um die Geschichten nicht zu überfrachten.
Zudem finden Sie im Theorieteil (S. 5–16) bei den Erläuterungen der Übungen jeweils eine Zusammenstellung derjenigen Übungen, die in den Stimmbildungsgeschichten vorkommen. Mit diesem Fundus können Sie auch selbst kreativ werden und eigene Geschichten konzipieren.
Viel Freude beim Üben wünscht Ihnen

Monika Strobl

---

* Der Verlag an der Ruhr legt großen Wert auf eine geschlechtergerechte und inklusive Sprache. Seit 2019 nutzen wir daher das Gendersternchen oder neutrale Formulierungen, um alle Menschen unabhängig von Geschlecht oder Geschlechtsidentität einzuschließen. In Texten für Schüler*innen finden sich aus didaktischen Gründen neutrale Begriffe bzw. Doppelformen. Titel, wie dieser, die erstmalig vor 2019 erschienen sind, enthalten noch das generische Maskulinum.

Grundlegendes zur Stimmbildung

Singen mit Kindern

Grundlegendes zur Stimmbildung

In der heutigen Zeit ist es leider nicht mehr selbstverständlich, dass zu Hause, in Kindergarten oder Schule viel gesungen wird. Dass dabei wertvolles (Volks-)Liedergut verloren geht, ist die eine Seite. Auch durch die mangelnde musikalische Ausbildung von Erziehern und Lehrern sowie die Vorrangstellung der „Kernfächer" Deutsch, Mathematik und Sachunterricht gerät die Musik oft in den Hintergrund. Musik wird zudem heutzutage vielfach nur rezipiert – und nicht nur zu Hause von CD und Radio. Die persönliche Lieblingsmusik ist überall verfügbar: ob beim Joggen, in Bus und Bahn, beim Rad- oder Autofahren: Dank moderner Technik ist alles möglich. Diese Allgegenwärtigkeit der Musik von Lieblingsbands und Lieblingssängern verleitet natürlich auch zum Mitsingen. Dies ist jedoch gerade bei Kindern problematisch, da populäre Lieder meist von Erwachsenen aufgenommen sind, die in viel tieferer Lage singen als Kinder. Somit singen Kinder, wenn sie singen, oft in ungeeigneter und zu tiefer Lage. Auf Dauer kann eine solche Art und Weise des Singens die Stimme schädigen. Daher sollte auf einen guten Umgang mit der Stimme besonderer Wert gelegen werden. Aus diesem Grund wird in den Lehrplänen ein adäquater Umgang mit der Kindersingstimme gefordert. Im Folgenden finden Sie einige Empfehlungen, die Sie beim Singen mit Kindern beherzigen sollten (nach Mohr 1997 und Wieblitz 2007).

Stimmbildungsübungen

Vor jedem Singen sollten Stimmbildungsübungen durchgeführt werden, die auf das Singen vorbereiten und die Stimme „warm" machen – ähnlich wie bei einem Sportler, der seine Muskeln aufwärmt. Sie lassen sich unterteilen in Übungen für den Körper, die Atmung, die Sprache und die Stimme.

Vorsingen

Versuchen Sie als Lehrkraft immer, ein Vorbild zu sein, und singen Sie den Kindern häufig vor. Eine „reale" Stimme ist für Kinder motivierender und viel leichter nachzuahmen als Musik aus Lautsprechern.

„Gute Lage"

Wählen Sie nach Möglichkeit Lieder aus, die der „guten Lage" (s. S. 9) von Kinderstimmen entgegenkommen (f^1 bis f^2). Erwachsene neigen oft dazu, viel zu tief zu singen, was Kindern umso schwerer fällt, da ihr Tonumfang ein ganz anderer ist als der von Erwachsenen. Mit etwas Übung dürfte es Ihnen als Lehrkraft nicht schwerfallen, auch in der „guten Lage" der Kinderstimmen Lieder vorsingen zu können.

Begleitinstrumente

Für das Begleiten von Liedern eignen sich nicht alle Instrumente gleich gut. Besonders günstig sind solche, die einen gleichmäßigen Klang erzeugen und die Kinder gut wahrnehmen können. Hier sind insbesondere Blockflöte, Orgel, Streichinstrumente oder weiche Stabspiele zu nennen. Sie besitzen einen Klang, der den Kinderstimmen ähnlich ist und von Kindern gut nachgeahmt werden kann. Die Gitarre ist nur bedingt geeignet, kann aber genutzt werden, wenn sie nicht zu tief und zu hart schlagend eingesetzt wird. Das Klavier hingegen ist nicht günstig, da es einen zu harten Anschlag hat und Kinder den abnehmenden Klang nicht gut wahrnehmen können. Ebenso sind Blechblasinstrumente und laute metallische Stabspiele ungeeignet.

Zusammenhang von Text und Melodie

Kinder verstehen Lieder als Einheit von Text und Melodie. Versuchen Sie daher bei der Liederarbeitung, möglichst selten nur Text oder nur Rhythmus zu erarbeiten. Kinder finden dies schnell langweilig und verlieren das Interesse.

Tonhöhen anzeigen

Beim Erlernen neuer Lieder kann es für Kinder sehr hilfreich sein, wenn Sie den Melodieverlauf mit der Hand anzeigen. Halten Sie dazu die Hand waagrecht vor sich. Durch das Verschieben der Hand nach oben und unten können die Kinder erkennen, in welche Richtung sich die Melodie bewegt. Dies ist besonders für das Erinnern von Liedern sehr nützlich.

Singen im Sitzen

Beim Singen im Sitzen sollten Sie darauf achten, dass die Kinder in einer für das Singen gut geeigneten Position sitzen: auf der vorderen Stuhlkante, aufrecht, aber nicht verspannt. Man könnte es auch „Stitzen" nennen, eine Zwischenform aus Stehen und Sitzen. Dadurch ist eine Balance zwischen Anspannung und Entspannung gegeben, die für das Singen sehr förderlich ist.

Abb.: Dorothee Wolters

Die Kinderstimme

Grundlegendes zur Stimmbildung

Zwischen einer Kinder- und einer Erwachsenenstimme gibt es – rein physiologisch gesehen – keine Unterschiede. Dennoch nehmen wir Kinderstimmen natürlich anders wahr als Stimmen von Erwachsenen. Dies liegt daran, dass die Kinderstimme im Laufe des Wachstums noch verschiedene Stadien durchläuft, während bei Erwachsenen die Singstimme bereits vollkommen ausgeprägt ist. Dementsprechend gibt es einige grundlegende Dinge, die beim Singen mit Kindern besonders zu beachten sind.

Während des kindlichen Wachstums verändert sich vor allem das **Verhältnis zwischen Kopf und Rumpf**. Wenn man bei Neugeborenen von einem Verhältnis von etwa 1:4 sprechen kann, liegt es im Erwachsenenalter bei ca. 1:8. **Der Kopf wächst langsamer als der Körper:** Dies hat zur Folge, dass bei Kindern die **Schwingungsräume des Kopfes** viel stärker klingen als bei Erwachsenen. Bei diesen dominieren vermehrt die übrigen Schwingungsräume, vor allem aber der Brustraum. Durch die Kopfresonanz bei Kindern nimmt man Kinderstimmen als leichter und „körperloser" wahr als erwachsene Stimmen.

Hinzu kommt, dass durch das starke **Längenwachstum** der Kinder auch die Stimmorgane Veränderungen unterworfen sind. Da der Kehlkopf wächst und sich im Hals senkt, verlängert sich der Raum für die Stimmlippen oberhalb des Kehlkopfes, sodass allmählich während des Wachstums auch dunklere Farben im Stimmklang hinzutreten und sich der Stimmumfang verändert.

Abb.: Jens Müller

Abb.: Eva Spanjardt

Abb.: Jens Müller

Ausgehend davon lassen sich im Laufe des kindlichen Wachstums verschiedene **Tonbereiche** festlegen, die für Kinder gut singbar sind. Während der Tonbereich von Kleinkindern nur auf ca. 5 Töne beschränkt ist, besitzen Kinder im Alter von ca. 10–12 Jahren einen Tonumfang von 3–4 Oktaven (ca. 20–30 Ton-Abstufungen – siehe Notation unten). Jeder kennt sicher das hohe Quietschen von Schulkindern, das uns Erwachsenen durch Mark und Bein geht. Dazwischen gibt es einige Abstufungen, anhand derer sich eine „gute Singlage" herausfiltern lässt, in der sich Kinderstimmen besonders wohl fühlen und die als Richtmaß für die Auswahl von Liedern dienen sollte. Dieser Bereich ist die Oktave von f^1 bis f^2, auch die „Kinderoktave" genannt (nach Mohr 2008).
In folgendem Schaubild finden Sie eine Aufteilung des Tonraums nach Altersstufen sowie die daraus resultierende „gute Lage":

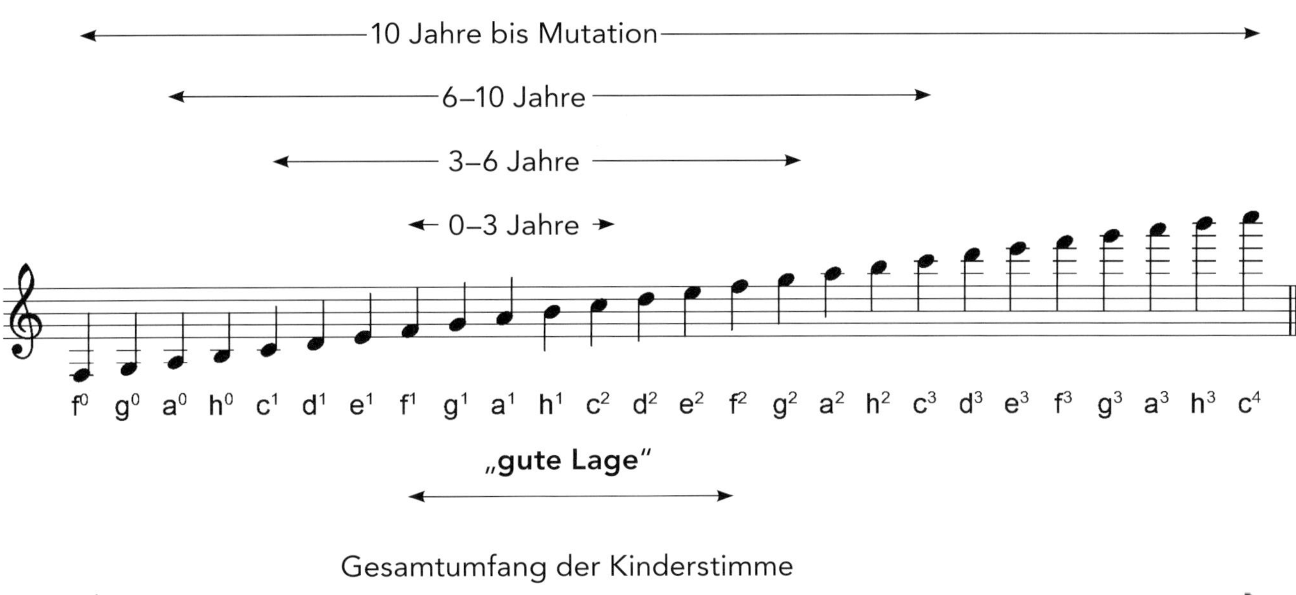

Körperübungen

Grundlegendes zur Stimmbildung

Eine gute Körperhaltung ist für das Singen unabdingbar. So wie jeder Musiker sein Instrument pflegt, sollte auch jeder Sänger gute Voraussetzungen durch eine gute Haltung schaffen. Dies betrifft vor allem die Wirbelsäule, die sich in ausgewogener Balance zwischen Anspannung und Entspannung befinden sollte. Zur Verdeutlichung könnte man sich einen Tischtennisball vorstellen, der auf einer Wasserfontäne tanzt. Ist der Druck zu hoch oder zu gering, fällt der Ball hinunter. Übertragen auf das Singen, bedeutet dies, dass eine „lockere Anspannung" eine gute Körperhaltung gewährleistet. Vor dem Singen sollten daher alle Körperteile gelockert werden, um ideale Voraussetzungen für die Körperhaltung zu schaffen – von den Beinen bis hin zum Unterkiefer. Körperübungen haben zudem den Vorteil, dass sie die Körperwahrnehmung fördern, Koordination üben und den Kreislauf anregen können. Im Folgenden finden Sie die Körperübungen, die in den Stimmbildungsgeschichten vorkommen, ergänzt durch weitere, mögliche Übungen:

- hüpfen
- gehen
- sich strecken
- sich dehnen
- gehen/marschieren
- laufen
- Arme und Beine ausschütteln
- Körper schütteln
- tanzen
- Arme schwingen
- hopsen
- hin- und herschwanken
- gähnen
- kauen
- prusten
- Hände reiben
- Bauch reiben
- Äpfel pflücken
- Marionette spielen
- Wasserkrug auf dem Kopf tragen
- Hampelmann
- Schnee abschütteln
- Schnee schaufeln
- Fenster putzen
- Leuchtturm spielen

Abb.: Eva Spanjardt

Abb.: Eva Spanjardt

Atem- und Sprechübungen

Die Atmung hängt eng mit der Körperhaltung zusammen. Ohne die „lockere Anspannung" im Körper kann der Atem nicht richtig fließen, was wiederum sehr wichtig für die Stimme ist. Um das Atmen zu schulen und das Zwerchfell zu aktivieren, gibt es einige grundlegende Übungen.

Für das Singen ist wichtig, möglichst lange mit einem Atemstrom auszukommen. Um diese Fähigkeit zu trainieren, können Sie die Kinder so lange wie möglich auf /f/, /s/ oder /sch/ ausatmen lassen. Durch die drei verschiedenen **Konsonanten** werden unterschiedliche Resonanzräume im Mundraum angesprochen, die auch für die Bildung von Vokalen wichtig sind.

Neben dem Ein- und Ausatmen auf verschiedene Arten sind hier ganz besonders die **Explosivlaute** (wie z. B. /p/, /t/, /k/) wichtig, da sie den Einsatz des Zwerchfells erforderlich machen. Dies ist spürbar, indem man die Hände während der Übung in die Seite legt. Die ruckartige Bewegung des Zwerchfells ist so erfahrbar. Zugleich fördern die Explosivlaute den Vordersitz der Vokale, da man durch das schnelle Öffnen des Mundes den darauffolgenden Vokal automatisch weit vorn im Mundraum ausspricht, was beim Singen immer der Fall sein sollte. Alle Vokale, sowohl die dunklen (/a/, /o/, /u/) als auch die hellen (/e/, /i/), sollten weit vorn gesprochen werden, mit möglichst weit geöffnetem, rundem Mund. Dadurch wird das Singen erleichtert, der Kehlkopf entlastet und eine gute Resonanz ermöglicht.

Bei der Atmung sei noch erwähnt, dass die Kinder ganz bewusst **in den Bauch atmen** sollten. Im Gegensatz zur flachen Hochatmung, deren Erkennungszeichen das Heben der Schultern beim Einatmen ist, hebt sich bei der Bauch- und Flankenatmung die Bauchdecke. Dies können Sie mit den Kindern gut ausprobieren, indem Sie sie auf den Boden legen und das Heben der Bauchdecke erspüren lassen. Sie können auch den Vergleich anbringen, dass Babys von Geburt an in den Bauch atmen und dadurch ihre Stimmbänder optimal schwingen können. Dies ist auch der Grund, warum Babys kaum heiser werden, auch wenn sie sehr viel schreien. Durch das aufrechte Gehen verlernen Kinder oft die natürliche Bauchatmung, da die Schwerkraft der natürlichen Funktion des Zwerchfells entgegenwirkt. Sie wird erst durch das bewusste Atmen in den Bauch wieder aktiviert.

Abb.: Eva Spanjardt

Atem- und Sprechübungen

Grundlegendes zur Stimmbildung

Die folgenden Übungen und Lautfolgen schulen Atmung und Sprechen und sind auch in den Stimmbildungsgeschichten enthalten:

- schnuppern
- riechen
- schnüffeln
- eingeatmet staunen
- keuchen
- hauchen
- pusten
- blasen
- Luftballon aufblasen
- Kerze ausblasen
- Schnappatmung
- hecheln
- schlürfen/trinken
- schnarchen
- fff
- fft
- pluff
- p
- pf
- stapf
- rpf
- hüpf
- ch
- sch
- psss
- pssst
- sss
- ts
- hihihi
- hahaha
- swswsw
- Lippenflattern
- patsch
- pitsch
- platsch
- klatsch
- husch
- rtsch
- tsch
- schlp
- tschilp
- zirp
- hex
- flitz
- knarr
- drrr
- brrr
- klirr
- pfrrr
- frrr
- rrr
- krrr
- hopp
- plapp
- plopp
- happ
- schwipp
- schwapp
- dupp
- dub
- blubb
- knack
- dock
- tock
- klock
- gluck
- pick
- quak
- trb

Abb.: Eva Spanjardt

Neben den Körper- und Atmungsübungen sind natürlich auch Übungen für die Stimme ein wichtiger Bestandteil, um sich auf das Singen vorzubereiten und die Stimme aufzuwärmen. Unter ihnen werden alle Übungen zusammengefasst, die in irgendeiner Weise mit Tonhöhen zu tun haben. In diesem Bereich gibt es natürlich sehr viele und spezielle Übungen, die alle einzelnen Bereiche der Stimmbildung ansprechen und auf professionelles Singen vorbereiten. Da dieses Buch auch für nicht musikalisch ausgebildete Lehrer und Erzieher gedacht ist, werden an dieser Stelle nur Übungen verwendet, die auch ohne spezielle Noten- und Musikkenntnisse durchführbar sind. Für eine weitere Einarbeitung in das Thema finden Sie dazu die entsprechenden Handbücher in den Literaturangaben (S. 78).

In den nachfolgenden Stimmbildungsgeschichten wird vor allem das **Glissando** verwendet, ein „Schleifen" der Töne durch alle Register: von der obersten Kopfstimme bis tief hinunter in das Knarz- oder Schnarr-Register. Man könnte das Glissando auch mit einem tiefen Seufzer vergleichen, der von ganz oben nach tief unten verläuft. Durch das aufeinanderfolgende Ansprechen aller Stimmregister kann der Übergang von einem zum anderen behutsam und leicht vollzogen werden. Dies ist für das Singen von großer Bedeutung, da gerade diese Übergänge problematisch und brüchig sein können. Beim Glissando sollten Sie jedoch darauf achten, dass die Kinder in der Höhe nicht zu sehr quietschen und in der Tiefe nicht zu sehr brummen. Das Glissando sollte so leicht wie möglich fallen, ohne Druck auf die Stimmbänder und mit möglichst weitem Mundraum. Das tiefe Knarz- oder Schnarr-Register, das etwas bedrohlich zu klingen scheint, entspannt dabei Kehlkopf und Stimmbänder und ist somit sehr förderlich für das Singen. In den nachfolgenden Stimmbildungsgeschichten wird das Glissando von oben nach unten wie folgt dargestellt:

absteigendes Glissando 

Beim Glissando, das sich von unten nach oben zieht (z. B. wie bei einem hochfahrenden Lift), ist darauf zu achten, dass sich der **Körper in die entgegengesetzte Richtung der Stimme** bewegt. Wir neigen oft dazu, uns zu strecken, wenn wir hohe Töne singen wollen. Doch genau das Gegenteil wird damit bewirkt: Durch das Strecken des Halses ist nicht mehr ausreichend Platz für die Schwingung der Stimmbänder gegeben und die Stimme klingt gepresst. Daher empfiehlt es sich, bei hohen Tönen eher in die Knie zu gehen. Dies gilt sowohl für das Glissando als auch für das Singen von hohen Tönen in einem Lied. In den Stimmbildungsgeschichten wird das Glissando von unten nach oben mit einem dementsprechenden Pfeil dargestellt:

aufsteigendes Glissando ⤴

Stimmübungen

Grundlegendes zur Stimmbildung

Eine weitere Übung, die vielfach in den Stimmbildungsübungen auftaucht, ist die sogenannte Ruf-Terz. Da sie sehr gebräuchlich beim Rufen von Namen (z. B. „Ti-na!") oder bei Begrüßungen (z. B. „Hallo!") ist, eignet sie sich sehr gut für grundlegende Stimmübungen. Zudem kennt sie jeder vom Ruf des Kuckucks, weswegen sie auch „Kuckucks-Terz" genannt wird. In der Harmonielehre entspricht der Abstand der beiden aufeinanderfolgenden Töne einer kleinen Terz, weswegen sie beispielhaft wie folgt dargestellt wird:

Diese Übung können Sie auch schön weiter ausgestalten, indem Sie die Rufe, die zur Ruf-Terz gehören, mit höheren Tönen wiederholen. Im alltäglichen Gebrauch würde das einem wiederkehrenden, energischeren Ruf entsprechen, wie z. B. „Ti-na! – Tii-naa! – Tiii-naaa!" Die sogenannten Klinger, also Konsonanten wie /m/, /n/, /ng/, besitzen ähnliche Eigenschaften wie Vokale. Sie sprechen die verschiedenen Resonanzräume im Mundraum an, bedingt durch die unterschiedliche Stellung der Zunge.

Abb.: Eva Spanjardt

In den Stimmbildungsgeschichten finden Sie folgende Übungen zu Tonhöhen:

Glissando:

- ha
- Puh!
- Hach!
- ua
- kraaa
- Tor!
- ä
- hu-hu
- piep
- Ja!
- tschi
- mäh

- Hä?
- ä
- www
- boing
- doing
- poing

- Hui!
- Oh!
- Ui!
- Hey!
- Aua!
- Ah!
- Bravo!
- Toll! Super!

- Juhu!
- Au ja!
- Oje!
- Oh nein!
- Oh ja!
- miau
- kikeriki
- Mhm!

Ruf-Terz:

- Erster!
- Tschü-üss!
- Kuckuck!
- Danke!
- Huhu!
- Pia!
- Aufstehen!

verschiedene Tonhöhen:

- tö-rööö
- lalalalala
- mhmhmh
- bsss (stimmhaft)
- tuuut
- hm
- dum
- rumms
- wumm
- bumm
- brmm
- rnn
- pling
- dong
- wou
- piep
- piek

↘
- tripptripp …

↗
- tock, tock …

Zum Einsatz der 30 Stimmbildungsgeschichten

Im Folgenden finden Sie 30 Stimmbildungsgeschichten, sortiert nach Themenbereichen, wie „Jahreskreis“, „Tiere“, „Spiel und Sport“ …
Die Geschichten sind immer 2-spaltig gesetzt:

In der linken, breiteren Spalte finden Sie den **Vorlesetext**.	In der rechten, schmaleren Spalte finden Sie die entsprechenden **Umsetzungsanweisungen** zum Text. In diesem Fall betonen Sie das „Hui“ am Ende des Textes (ein auf- und absteigendes Glissando).
Nach wenigen Minuten sind sie am Berg angekommen. Viele andere Kinder sind bereits da und toben durch den Schnee. Auch Jakob und Lisa sind voller Vorfreude auf ihre erste Fahrt. Sie stellen ihre beiden Schlitten nebeneinander, setzen sich darauf und holen mit den Füßen Schwung. ***Hui!***	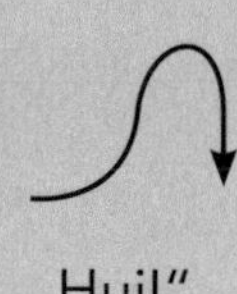 „Hui!“

Die Anweisungen bestehen aus:

- lautmalerischen, akustischen Umsetzungen – diese werden in Anführungszeichen dargestellt (z. B. „Hui!“)
- Bewegungsideen zur pantomimischen Umsetzung – diese werden unterstrichen dargestellt (z. B. Hose, Stiefel, Mütze und Handschuhe anziehen)
- Umschreibungen von Stimmübungen, die sich schlecht lautmalerisch darstellen lassen (z. B. Schnappatmung) – ebenfalls unterstrichen dargestellt

Zusätzlich zum Text finden Sie in der rechten Spalte außerdem in einigen Fällen Symbole, die die Intonation bzw. Stimmlage der akustischen Begleitungen verdeutlichen sollen (siehe Tabelle S. 15).

30 Stimmbildungs-geschichten

1. Winter

Thema: Jahreskreis

An einem schönen Wintertag machen sich Jakob und Lisa auf den Weg zum Schlittenberg – wie die meisten Kinder aus dem Ort. Damit sie nicht frieren, ziehen sie sich zuvor warm an: **Hose, Stiefel, Jacke, Mütze und Handschuhe. Und los geht's!**	Hose, Stiefel, Mütze, Handschuhe anziehen
Sie schnappen sich ihre Schlitten und machen sich auf den Weg. Der frische Schnee **knarrt** bei jedem Schritt unter ihren Füßen.	„krr, krr"
Nach wenigen Minuten sind sie am Berg angekommen. Viele andere Kinder sind bereits da und toben durch den Schnee. Auch Jakob und Lisa sind voller Vorfreude auf ihre erste Fahrt. Sie stellen ihre beiden Schlitten nebeneinander, setzen sich darauf und holen mit den Füßen Schwung. **Hui!**	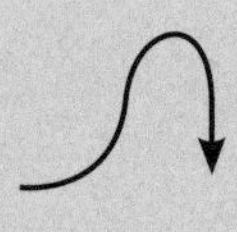 „Hui!"
Welch ein Spaß! Sie sausen den Berg hinab. Die ***Kufen*** der Schlitten rauschen auf dem glatten Schnee.	„sch, sch"
Lisa überholt mit ihrem Schlitten Jakob und ruft ihm am Fuße des Hügels triumphierend zu: **„Erster!"**	„Erster!" 
Jakob nimmt es gelassen, denn er weiß, dass das nicht die letzte Fahrt gewesen ist. Die beiden steigen ab und machen sich auf den steilen Weg nach oben. Wenn das nur nicht immer so anstrengend wäre! **„Puh!"**	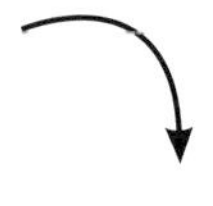 „Puh!"
Aber die Vorfreude auf die nächste Fahrt lässt sie gleich ihre Anstrengung vergessen. Oben angekommen, sehen sie von Weitem ihre Schulfreunde Leon und Pia. Aufgeregt rufen sie nach ihnen: **„Leon! Pia! Huhu!"**	„Leon! Pia! Huhu!"
Jetzt wird es richtig aufregend! Die vier stellen ihre Schlitten in einer Reihe an den Start. Leon übernimmt das Kommando: „Auf die Plätze – fertig – **los!"**	„Los!" 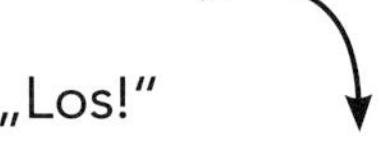
Die Kinder rauschen los, eines schneller als das andere. Die **Kufen** gleiten über den glatten Schnee.	„fff, fff"
Doch da! Pia **erschrickt.**	Schnappatmung

Ein anderes Kind kommt von der Seite und fährt geradewegs auf sie zu. Oje! Zum Glück ist sie ein bisschen schneller und die beiden fahren knapp aneinander vorbei. **Puh!** Das war wirklich knapp.	„Puh!"
Nachdem sie sich von ihrem Schreck erholt hat, erklimmt die Gruppe wieder den Berg. **Keuchend** kommen sie endlich oben an.	tief ein- und ausatmen, keuchen
Nach einigen Talfahrten erlaubt sich Lisa einen Spaß: Sie formt einen Schneeball und wirft ihn Richtung Jakob. Treffer! Dieser dreht sich um und lässt sich natürlich auf eine **Schneeball-schlacht** ein, bei der sich die anderen beiden nur zu gerne beteiligen. In Sekundenschnelle fliegen die Bälle nur so durch die Luft und verfehlen ihre Ziele nur selten.	„sch, sch, patsch, pitsch"
Die Kinder haben einen Riesenspaß und beenden die Schneeballschlacht erst, als sie alle ganz kalte Finger haben. Frierend **hauchen** sie in die Hände.	hauchen, Hände reiben
Pia findet, dass es an der Zeit ist, nach Hause zu gehen. Die anderen stimmen zu und jeder nimmt seinen Schlitten an die Hand. Gemeinsam **stapfen** sie durch den Schnee.	„stapf, stapf"
Mit einem **Tschüüüss!** verabschieden sie sich voneinander und freuen sich auf eine Tasse Kakao, den sie nach so einem schönen Nachmittag bestimmt serviert bekommen.	„Tschüss!"
Zumindest ist dies bei Jakob und Lisa so. **Schlürfend** lassen sie sich den Kakao schmecken.	schlürfen, trinken
Mhm! Wie lecker!	Bauch reiben „Mhm!"

2. Fasching/Karneval

Thema: Jahreskreis

Eine Gruppe von Tieren veranstaltet in diesem Jahr eine ganz besondere Fete: Sie feiern Karneval. Elefant Edu, der so etwas schon lange einmal machen will, hat die Party organisiert. Ganz aufgeregt läuft er hin und her und erledigt die letzten Handgriffe. **Puh!** Geschafft!	„Puh!"
Jetzt kann die Party beginnen. Ungeduldig wartet Edu auf seine Gäste. Er ist schon ganz gespannt, wie die seine Verkleidung wohl finden. Als Erstes kommt sein Freund Bodo, der Bär. Er hat sein Fell mit Pfauenfedern geschmückt und **stolziert** graziös auf Edu zu.	gehen, stolzieren
Edu ist begeistert und **trötet** Bodo zur Begrüßung fröhlich zu.	„tö-röööö"
Als er näher kommt, führt Bodo ihm vor, dass er seine Pfauenfedern sogar aufrichten kann, wenn er mit seiner Pfote an einer Schnur zieht. Sanft stellen sich die **Federn** auf.	Armbewegung nach oben „fff"
Wie herrlich! Ein Bär in Pfauenfedern! Und erst jetzt sieht Bodo Edus Verkleidung und kann sich vor **Lachen** kaum mehr halten.	„ha ha ha"
Edu hat sich neben seinem Rüssel Schnurrhaare aus Zweigen angeklebt und an seine Stoßzähne zwei weiße, eckige Blätter geheftet, die wie zwei große Schneidezähne aussehen. Zudem hat er seine Ohren rund ausgeformt und sich einen langen Schwanz angeknotet. Bodo ruft: **„Eine Maus!"**	„Eine Maus!"
Welch originelle Verkleidung! Ein Elefant, der sich als Maus verkleidet hat! Und Edu kann sogar **piepen** wie eine Maus! Er macht es Bodo vor.	„piep, piep"
Bodo **hüpft** vor Begeisterung und **klatscht** in die Hände.	hüpfen, klatschen
Welch ein Spaß! Die beiden sind gespannt, wer als Nächstes zur Karnevalsparty kommt, und **trinken** inzwischen einen Schluck von Edus leckerer Bowle.	schlürfen, trinken
Da sehen sie von Weitem Maus Mia. Mit ihren kurzen Beinen kommt sie flink durch das hohe Gras angehuscht, sodass sich die Halme **raschelnd** bewegen.	„sch, sch"

Als sie näher kommt, sehen Bodo und Edu, dass sie sich ihr Fell in braune und gelbe Streifen gefärbt hat und sich durchsichtige Flügel auf den Rücken geklebt hat. Mit einem **Bienensummen** begrüßt sie die beiden.	„bsss, bsss" (stimmhaft)
Bodo ist ganz angetan von Mias putzigem Kostüm und ruft: **„Wie süß!"**	„Wie süß!"
Mia führt den beiden vor, dass sie sogar ihre Flügel bewegen kann. Schnell **schlagen** sie in der Luft.	„p, p, p, p"
Bodo und Edu sind begeistert, was sich Mia alles hat einfallen lassen. Nun fehlt nur noch Pfau Pablo, der sich für seinen Auftritt am meisten Zeit lässt. Geruhsam stolziert er auf die Gruppe zu. Alle sind gespannt, wie er sich verkleidet hat. Doch als er da ist, kann keiner der drei feststellen, dass er anders aussieht als sonst. Fragend sehen ihn die drei an. Plötzlich **faucht** Pablo wie ein Tiger.	„ch, ch"
Bodo, Edu und Mia **erschrecken**.	Schnappatmung
Was war DAS denn? Zur Erklärung stellt Pablo stolz seine Federn hoch und anstelle der Pfauenaugen ist nun ein Leopardenmuster zu sehen. Was für deine Überraschung! Pablo lässt sich ausgiebig bewundern und zeigt stolz sein Kostüm, indem er sich reckt und **streckt**.	sich strecken
Nun kann endlich die Party beginnen. Ausgelassen **tanzen** sie mit ihren Kostümen zu fröhlicher Musik und **singen** mit.	tanzen „lalalalala"
Erst, als spät am Abend Mia müde **gähnt**, verabschieden sie sich und machen sich wieder auf den Heimweg. Eines ist aber klar: So etwas werden sie im nächsten Jahr wieder machen!	gähnen

3. Frühling

Thema: Jahreskreis

Nach einem langen Winter sind alle froh, dass endlich wieder Frühling ist und wärmende Sonnenstrahlen auf die Erde fallen. Die ersten Blumen sprießen aus der Erde und verbreiten einen wohlriechenden **Duft**.	schnuppern, einatmen
Die ersten Bienen kommen aus ihrem Stock gekrochen und fliegen **summend** über der grünenden Wiese von Blüte zu Blüte.	„bsss, bsss" (stimmhaft)
Der laue **Wind** weht sanft über die Wiesen und die Blumenbeete.	„sch, sch"
Von überall kommen bunte **Schmetterlinge** angeflattert und tanzen mit leichten Flügelschlägen durch die warme Luft.	„p, p, p"
Aus dem nahen Wald ist das tönende Rufen eines **Kuckucks** zu hören.	„Kuckuck!"
Auf sein Rufen antwortet ein **Specht**, der auf der Suche nach Nahrung an einen Baumstamm klopft.	„drrr, drrr"
An den Wald schließen mehrere Wiesen und Felder an. Ein kleiner **Bach** fließt aus dem Wald und schlängelt sich in gluckernden Windungen über die Wiesen.	„sch, sch"
Zwei kleine Hasen kommen aus dem Wald, **hoppeln** fröhlich am Waldrand umher und spielen Fangen.	„hopp, hopp"
Ihre Mutter sitzt daneben und achtet genau darauf, dass den beiden nichts passiert. Schließlich ist in der Ferne ein Greifvogel zu sehen, der einen schrillen **Schrei** ausstößt.	„ua, ua"
Die kleinen Hasen **erschrecken**.	Schnappatmung
So etwas haben sie noch nie gehört! Erschrocken **hoppelt** die Hasenfamilie schnell in den Wald zurück und verschwindet in ihrer sicheren Höhle.	„hopp, hopp"
Über ihnen **zwitschern** die Vögel fröhlich in den Ästen der Bäume.	„piep, piep"

Der laue Wind streicht dazu sanft über die Wipfel der Bäume und erzeugt ein leises **Rauschen**.	„sch, sch"
In der Ferne ist leise die **Glocke** des Kirchturms zu hören, die 11 Uhr schlägt.	„dong, dong"
Doch nicht nur in der Natur ist der Frühling angebrochen. Eine Gruppe von Kindern nutzt auch die ersten Sonnenstrahlen, um draußen zu spielen. Gemeinsam laufen sie zu der großen Wiese. Einige Jungs haben einen Fußball mitgebracht und eifrig wird der **Ball** von einem Spieler zum anderen gestoßen.	„dupp, dupp"
Dazwischen ist ein begeistertes „**Tor!**" zu hören.	„Tor!"
Einige Mädchen, die sich für Fußball nicht begeistern können, haben Schläger und Federball mitgebracht. Leicht gleitet der kleine **Ball** von der einen Seite zur anderen.	„fff, fff"
Dazwischen werfen die Mädchen ihn wieder schwungvoll mit den **Schlägern** zurück.	„poing, poing"
Die Kinder haben ihre Freude daran, sich in der Frühlingssonne auszutoben. Endlich können sie wieder ausgiebig draußen spielen! Gegen Abend beschließen sie dann, heimzukehren, und am kleinen Bach sind die **Kröten** zu hören, die sich dort angesiedelt haben und ein Froschkonzert geben.	„quak, quak"
Leise zirpen dazu die Grillen auf der Wiese und langsam verschwindet die Sonne hinter dem Wald.	„zirp, zirp"

Abb.: Eva Spanjardt

4. Ostern

Thema: Jahreskreis

Bei der Hasenfamilie Löffelohr scheinen die ersten Strahlen der warmen Frühlingssonne durch das Fenster. Mutter Henriette ruft ihre Kinder zusammen: **„Karli, Pauli, Lotta!"**	„Karli! Pauli! Lotta!"
Die kleinen Hasenkinder kommen nacheinander **angehoppelt**.	„hopp, hopp"
Was Mutter ihnen wohl so Wichtiges zu sagen hat? Aufgeregt **tuscheln** sie, was es sein könnte.	geheimnisvoll tuscheln „swswsw"
Pssst! Mutter Henriette bittet sie um Ruhe.	„Pssst!"
„Der harte Winter ist nun vorbei und so langsam wird es wärmer, sodass ihr bald draußen spielen und toben könnt. Freut ihr euch denn schon darauf?" Die Hasenkinder rufen begeistert: **„Ja!"**	„Ja!"
Die Mutter fährt fort: „Aber ihr wisst auch, dass wir im Frühling immer sehr viel Arbeit haben, weil wir die Osternester für die Menschenkinder vorbereiten müssen. Da ihr jetzt schon groß seid, dürft ihr uns dieses Jahr bei den Vorbereitungen helfen." Die Hasenkinder sind begeistert und **hüpfen** vor Freude in die Luft und **klatschen** mit den Pfoten.	hüpfen, klatschen
Das wird ein Spaß! Papa Friedrich nimmt die drei mit zum Eierfärben. **Ui!** Wie sie staunen!	„Ui!"
Um einen riesigen Tisch sitzen viele Hasen und bemalen mit ihren Pinseln kunstvolle Eier. Das wollen sie auch können! Papa Friedrich weist ihnen ihre Plätze zu, gibt ihnen Eier, Pinsel und Farbtöpfe und los geht's! **Fff, fff, fff** … Mit ihren Pinseln machen sie rote Striche auf die Eier.	„fff, fff, fff"
Das macht Spaß! Karli hüpft vor Freude hoch – und **erschrickt** …	Schnappatmung
Er hat dabei einen Eimer mit grüner Farbe umgestoßen. **Oh**!	„Oh!"
Eine Gruppe von Hasen kommt sogleich **angehoppelt** und beseitigt den Schaden.	„hopp, hopp"

Papa Friedrich ist nachsichtig mit Karli und denkt an seine eigenen ersten Eier, die er bemalt hat. Er seufzt: „**Hach ja …**"	„Hach ja …"
Karli setzt sich wieder an seinen Platz und malt weiter. Seine Schwester Lotta hat inzwischen mit der gelben Farbe weitergemalt und sieht plötzlich ihre bunten Pfoten, mit denen sie allerlei Kleckse auf ihr schönes Ei macht. „**Oh nein!**"	„Oh nein!"
Das schöne Ei! Papa Friedrich beruhigt sie: „Puste es einfach ein bisschen trocken und male mit einer dunkleren Farbe drüber. Das wird schon!" Lotta **pustet** die gelbe Farbe trocken und **wäscht** danach ihre Pfoten.	pusten, Hände reiben
Jetzt kann es weitergehen! Bruder Pauli an ihrer Seite hat inzwischen ein schönes, buntes Ei gezaubert. Er ist ganz stolz und zeigt es seinem Vater. Doch bevor dieser es begutachten kann, gleitet das Ei aus Paulis Pfoten und landet auf dem Boden. **Platsch!**	„platsch"
„**Oje, mein schönes Ei!**"	„Oje, mein schönes Ei!" 
Papa Friedrich tröstet Pauli: „So etwas passiert immer wieder mal. Das nächste Ei wird bestimmt genauso schön!" Und so macht sich Pauli an sein zweites Ei. Nach einigen Versuchen haben die drei Hasenkinder schon so einige Tricks raus und zaubern wunderschöne Ostereier. Zur Belohnung gibt es von Mama Henriette einen großen Schokoladenkuchen. **Mhm!** Wie der duftet! So macht Eierfärben Spaß!	Bauch reiben „Mhm!"

Abb.: Anja Boretzki

5. Geburtstag

Thema: Jahreskreis

Leonie hat heute allen Grund zur Freude. Bereits als sie früh am Morgen aufwacht, ist sie ganz aufgeregt: Sie hat heute Geburtstag! Sie springt voller Vorfreude aus dem Bett, **streckt** sich ausgiebig und **gähnt** dazu.	sich strecken, gähnen
Schnell **zieht** sie **sich an**.	sich anziehen
Als Leonie ihre Zimmertür öffnet, **duftet** es schon herrlich nach frischem Kakao.	schnuppern, riechen
Eilig läuft sie die **Treppe** hinab.	„tripptripp" ↘
In der Küche wartet schon ihre ganze Familie, um ihr zu gratulieren. Dann sieht sie den leckeren Schokoladenkuchen, auf dem acht bunte Kerzen brennen. Wie schön! Begeistert bläst sie die **Kerzen** aus.	pusten, Kerzen ausblasen
Doch bevor sie ein Stück Kuchen probiert, gibt es natürlich auch noch Geschenke. Wie sie sich schon darauf freut! Was es wohl gibt? Auf dem Tisch im Wohnzimmer warten sie schon darauf, ausgepackt zu werden. Leonie würde sie am liebsten alle gleichzeitig öffnen und so **reißt** sie eines nach dem anderen auf.	„rtsch, rtsch"
„Oh! Wie schön!"	„Oh! Wie schön!"
Voller Begeisterung **hüpft** sie auf und ab.	hüpfen
Sie bedankt sich für die tollen Geschenke und freut sich nun auf den leckeren Kuchen, von dem ihre Mutter ihr schon ein Stück abgeschnitten hat. Genüsslich **kaut** sie.	kauen
Mhm!	Bauch reiben „Mhm!"
Dazu **schlürft** sie ihren warmen Kakao.	schlürfen, trinken
Was für ein herrlicher Tag! Am Nachmittag kommen ihre Freunde zum Feiern. Ihre Freundinnen Lisa und Marie haben Luftballons mitgebracht, die sie gemeinsam **aufpusten**.	pusten, blasen

Anschließend spielen sie damit im Garten, indem sie sie immer wieder **anstupsen** und in der Luft halten.	„p, p, p"
Auch Hund Rusty spielt begeistert mit und jagt von einem Luftballon zum nächsten. Er tollt so wild herum, dass er mit seinen spitzen Zähnen einen Luftballon zum Platzen bringt. Ein lauter Knall lässt Rusty und die Kinder **zusammenzucken**.	Schnappatmung
Was für ein Schreck! **Erleichtert** atmen alle auf, dass es nur ein zerplatzter Luftballon war.	„hach"
Nach einigen gemeinsamen Spielen im Garten **laufen** die Kinder vergnügt zum Spielplatz ganz in der Nähe.	gehen, marschieren
Leonie als Geburtstagskind darf sich als Erste aussuchen, was sie gerne tun würde. Und so schnappt sie sich als Erstes die Schaukel. **Hui!**	„Hui!"
Ihr Rock flattert dazu bei jedem Schwung im **Wind**.	„fff, fff"
Sie würde am liebsten den ganzen Tag nur schaukeln. Anders ihre Freunde Tom und Ricardo. Sie gehen zusammen zur **Wippe** und haben ihren Spaß daran, abwechselnd auf- und abzuschnellen.	„plapp, plapp"
Ihre Freundinnen Lisa und Marie laufen zur Rutsche und rutschen abwechselnd hinab. **Hui!**	„Hui!"
Wie das Spaß macht! Immer wieder **erklimmen** sie die Leiter zur Rutsche.	„tock, tock"
Gemeinsam haben sie viel Spaß auf dem Spielplatz und toben bis zum Abend. Jetzt sind sie aber ziemlich geschafft! **Puh!**	„Puh!"

6. Sommer

Thema: Jahreskreis

Karla und Timmy fahren im Sommer mit ihrer Familie ans Meer. Nach einer kaum enden wollenden Fahrt steigen sie endlich aus dem Auto, **strecken sich, schütteln ihre Füße aus** und **gähnen** erst einmal, um wieder wach zu werden.	sich strecken, Beine ausschütteln, gähnen
Nur noch ein paar Meter über eine Düne trennen sie vom Ozean. Sie können die frische Meeresluft schon **riechen** und lassen sie langsam bis tief in den Bauch in sich **einströmen**.	tiefes Einatmen in den Bauch
Voller Freude erklimmen sie die Düne und sehen vor sich das weite Meer. Wie lange sie sich schon darauf gefreut haben, auf den Sommer und auf das Meer! Die Sonne scheint vom Himmel und die beiden **seufzen** erleichtert.	„ha"
Jetzt heißt es aber: Nichts wie los an den Strand! Voller Begeisterung **laufen** sie los.	laufen, gehen
Die sanften **Meereswellen** rollen ans Ufer und plätschern dabei leise.	mit Armen und Händen wellenartige Bewegungen ausführen „sch"
Dazu streicht der **Wind** sanft über das Meer.	„sss, sss"
In der Ferne hören Karla und Timmy einige Dampfer laut **tuten**.	„tuuut" (verschiedene Tonhöhen)
Sie laufen weiter am Strand entlang und schauen einigen **Möwen** zu, wie sie ihre Runden über dem Meer drehen.	„Hui!, Hui!"
Im Flug stoßen sie **kreischende Schreie** aus.	„tschi, tschi"
Plötzlich nähert sich ein **Motorboot** und fährt mit lautem Brummen vorbei.	Lippenflattern „bbbbbb"
Mit so etwas würde Timmy auch gerne mal fahren. Aber zuerst wollen die beiden noch den Strand erkunden und vor allem ans Wasser gehen. Sie laufen zum Wasser, lassen ihre Füße vom kühlen Nass umspülen und **platschen** fröhlich herum, dass das Wasser nur so spritzt.	„pitsch, patsch"

Auch ihr Hund Nico ist dabei und **bellt** ganz freudig, während er sich im Wasser vergnügt.	„wou, wou"
Nach einiger Zeit ist er tropfnass und verabreicht den beiden eine Dusche, als er sich das Wasser **vom Körper schüttelt**.	Körper schütteln „brrr"
Unzählige kleine **Tropfen** fliegen durch die Luft.	„p, p, p"
Was für ein Spaß! Jetzt aber machen sich Karla und Timmy an ihre Lieblingsbeschäftigung am Strand: Sie wollen eine Sandburg bauen. Sie holen Eimer, Schaufeln und einige Förmchen und los geht's! Fast um die Wette holen sie Wasser und formen den Sand zu Grundmauern einer Burg. Schnell kommen sie vorwärts, sodass Karla bald ganz begeistert **„Wie schön!"** ruft.	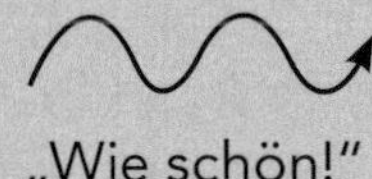 „Wie schön!"
Timmy setzt nun alles daran, die Sandburg möglichst hoch und mit möglichst vielen Details zu bauen. Als es schon fast später Nachmittag ist, sind sie schließlich fertig und bestaunen ihr Kunstwerk. Wie schön sie geworden ist! Gerade als Karla mit ihrem Fotoapparat ein Foto knipsen will, kommt ihr Hund Nico in hellem Saus vom Meer angelaufen und ist nicht mehr zu bremsen. Voller Freude, dass Karla und Timmy nun endlich wieder mit ihm spielen, hüpft er mitten in die Burg, sodass sie leise in sich **zusammenrieselt**.	„sss"
Timmy ist entsetzt. Das darf doch wohl nicht wahr sein! Doch Karla beruhigt ihn. Schließlich sind sie noch ein paar Tage hier am Meer und können noch viele Sandburgen bauen. Nico stimmt ihr mit fröhlichem **Bellen** zu.	„wou, wou"

Abb.: Eva Spanjardt

7. Herbst

Thema: Jahreskreis

Igelfamilie Stachelpelz hat ihr Zuhause am Waldrand neben einer großen Wiese. Hier lassen es sich besonders die beiden Kleinen, Pitt und Mara, gutgehen. Oft toben sie gemeinsam über die Wiese, sodass sie ganz **außer Atem** zu Hause ankommen.	ein- und ausatmen, hecheln
Welch ein Spaß es immer ist, miteinander zu spielen, kleine Tiere zu fangen und sich in der Sonne aufzuwärmen! Doch langsam wird es kühler. An einem windigen Tag sehen sie einige Kinder, die mit großen Drachen zur Wiese kommen. Was die wohl mit diesen Dingern wollen? Plötzlich wird ein Drachen vom Wind in die Luft gerissen. Pitt und Mara zucken **erschrocken** zusammen.	Schnappatmung
Doch der Drachen fliegt nicht fort, sondern wird von einem Kind mit einer Schnur festgehalten. Lustig tanzt er im Wind hin und her. **Hui! Hui!**	„hui"
Nun lassen auch die anderen Kinder ihre Drachen in die Luft steigen. Mit **flatternden** Geräuschen bewegen sich die Drachen am Himmel, zur Freude der Kinder.	„fff, fff"
Sie begleiten den Tanz der Drachen mit fröhlichem Jubeln: **„Juhu! Juhu!"**	„Juhu!"
Welch ein Schauspiel! Fasziniert schauen die beiden kleinen Igel den Kindern mit ihren Drachen zu. So etwas würden sie auch gerne mal machen. Gegen Abend gehen die Kinder nach Hause und die Igelfamilie hört noch ihre Abschiedsrufe: **„Tschüss!"**	 „Tschüss!"
Müde **gähnen** die beiden Igelkinder und gehen schlafen.	gähnen
Mara träumt noch von einem bunten Drachen, auf dem sie durch die Luft gewirbelt wird. Welch ein aufregender Traum! Am nächsten Morgen macht sie sich wieder mit Pitt auf zum Spielen auf der Wiese. Doch was liegt hier plötzlich im Gras? Die beiden staunen nicht schlecht, als sie ein kleines, stacheliges Ding vor sich sehen, das aussieht wie ein kleiner Igel. Neugierig **beschnuppern** sie es.	schnuppern

Pitt überlegt: **Hm**.	„hm"
Plötzlich macht es neben ihnen „**Plopp**".	„plopp"
Ein zweites solches Ding ist von einem Baum herabgefallen! Doch dieses Mal ist es aufgesprungen und innen drin wird eine braune Kugel sichtbar. Was das wohl ist? Auf dem Rückweg finden sie noch andere, kleinere, harte Baumabfälle. Sie sind ratlos. Plötzlich kommt ein Eichhörnchen **angehuscht**.	„husch, husch"
Es erklärt den beiden, dass es Haselnüsse als Nahrung für den Winter sammelt. Und nebenbei **knackt** es immer wieder einzelne Nüsse und **kaut** sie hastig.	„knack, knack" kauen
Und die anderen, stacheligen Dinger vom Baum seien Kastanien, erklärt das Eichhörnchen. Ehe es sich Mara und Pitt versehen, ist das Eichhörnchen auch schon wieder auf einem Baum **verschwunden**.	„hopp, hopp"
So laufen sie wieder nach Hause. Auf ihrem Weg vergnügen sie sich in Laubhaufen, in denen sie **raschelnd** Versteckspielen. Das macht Spaß!	„sch, sch"
Als sie zu Hause ankommen, werden auch dort schon die ersten Vorbereitungen für den Winter getroffen. Draußen wird es immer kälter und die Igelfamilie macht sich ihren Bau für den langen Winterschlaf zurecht. Auch Pitt und Mara helfen dabei fleißig mit. Als die Zeit herangekommen ist, rollen sie sich ein und legen sich für die Dauer des Winters schlafen. Nur ganz leise hört man sie noch **schnarchen**.	„rrr – fff, rrr – fff"

Abb.: Eva Spanjardt

8. Frohe Weihachten!

Thema: Jahreskreis

In der Nähe eines kleinen Dorfes lebt in einer alten Scheune eine kleine Maus. Ihr Name ist Frederike und sie führt dort ein gemütliches Leben. Um Nahrung braucht sie sich nicht zu kümmern, denn der Bauer, dem die Scheune gehört, hat immer irgendwo Vorräte gelagert. Jetzt, wo es Winter ist, bedient sie sich jeden Tag am Vogelfutter, das ihr besonders gut schmeckt. **Mhm!** Wie lecker!	„Mhm!"
Doch seit einigen Tagen liegt auch noch ein anderer Geruch in der Luft: der von Lebkuchen, Plätzchen und Süßigkeiten. Sie weiß: Es ist wieder Weihnachten und sie wird hoffentlich auch ein paar Süßigkeiten in den Häusern ergattern können. Schon weht der Duft von frischen Keksen in ihr Nest, der sie von ihrem Schläfchen aufweckt. Neugierig **schnuppert** sie.	ein- und ausatmen schnuppern
Wie herrlich! Gleich wird sie sich auf den Weg machen! Sie erhebt sich gemächlich, **streckt** sich und **gähnt**.	sich strecken, gähnen
Dann folgt sie dem Duft. Draußen liegt viel Schnee und Frederike hat zu tun, um zu dem Haus zu gelangen, woher der Duft kommt. **Brrr!** Wie ungemütlich es ist!	„brrr"
Gut, dass sie durch eine Ritze leicht in den Keller kommt, wo sie sich erst einmal die Nässe von den Beinen **schüttelt**.	Arme und Beine ausschütteln
Im Haus ist anscheinend gerade niemand und so hat sie freie Bahn zur Küche, wo ein Blech mit frischen Keksen steht. Geschickt **hüpft** sie auf einen Stuhl und von dort auf die Anrichte.	„hopp, hopp"
Doch bevor sie sich an die leckeren Kekse machen kann, hört sie jemanden die Haustür aufsperren. Die Hausbesitzerin, Frau Müller, kehrt zurück und **summt** ein Lied vor sich hin.	„mhmhmh" (verschiedene Tonhöhen)
Schnell hüpft Frederike auf den Boden und **huscht** ins nächste Zimmer.	„husch, husch"
Unter der Couch ist sie hoffentlich erst einmal in Sicherheit! Ganz **außer Atem** lugt sie vorsichtig darunter hervor.	ein- und ausatmen, hecheln
Ui! Was ist denn hier passiert?	„Ui!"

8. Frohe Weihnachten!

Thema: Jahreskreis

Überall stehen offene Schachteln und überall liegen Bänder und Papier umher. Aber das Eindrucksvollste befindet sich in der Ecke: ein Tannenbaum! Und zwar über und über voll mit Kugeln und Lichtern. Frederike staunt. So etwas hat sie ja noch nie gesehen! Neugierig läuft sie zu dem Baum, verfängt sich aber auf dem Weg dorthin in einem Geschenkband, sodass sie sich plötzlich in einem **raschelnden** Haufen Papier befindet.	„sch, sch"
Nur mit Mühe kann sie sich befreien und hofft, dass niemand sie gehört hat. Vorsichtig huscht sie nun zu dem schönen Baum, dessen Kugeln herrlich im Kerzenschein glitzern. Als sie eine unten hängende Kugel berührt, beginnt der ganze Ast, zu tanzen, und die Kugeln **erklingen** unter den Berührungen.	„pling, pling"
Frederike ist fasziniert. Schnell huscht sie zum Stamm und klettert flink von einem Ast zum anderen hinauf. **Hui!** Wie der ganze Baum hin und her schwingt!	„Hui!, Hui!"
Das macht Frederike Spaß! Doch plötzlich **klirrt** es.	„klirr"
Oje, eine Kugel ist von ganz oben auf den Boden gefallen und zersprungen. Jetzt heißt es: Schnell weg hier! Mutig **springt** sie von einem Ast aus auf den Boden.	„hopp"
Das wäre geschafft! Doch was ist das für ein Geräusch hinter ihr? Sie dreht sich um und sieht den Baum, der nun endgültig ins Wanken gekommen ist, hinter sich herstürzen. Mit heftigem **Poltern** landet der Baum und mit ihm sein gesamter Inhalt auf dem Boden.	„wumm, klirr, knack"
Frederike schafft es, schnell aus dem Haus zu **flitzen**.	„flitz, flitz"
Aus dem Haus hört sie noch Frau Müller rufen: **„Oh nein!"**	„Oh nein!"

9. Im Dschungel

Thema: Tiere

Die Tiere des Dschungels sind heute ganz aufgeregt: Das Äffchen Kiara hat Geburtstag und hat alle zu einer großen Party eingeladen. Schon früh am Morgen kommen die ersten Gäste: Ihre Cousins Frido und Fred. Fröhlich schwingen sie sich von Baum zu Baum. **Hui!**	Arme schwingen „Hui!"
Mit einem großen Sprung landen sie genau vor Kiara und gratulieren ihr munter zum Geburtstag. Wie sie sich freut! Voller Begeisterung **hüpft** sie auf der Stelle und **klatscht** in die Hände.	hüpfen, in die Hände klatschen
Während sie noch ganz eifrig ihre Cousins begrüßt, kommt auch schon der nächste Gast: Papagei Flora. Man hört sie schon von Weitem hoch oben in der Luft laut und fröhlich **krächzen.**	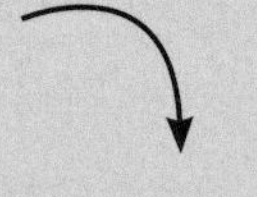 „kraa, kraa"
Als sie näherkommt, können alle ihre weit ausholenden **Flügelschläge** in der Luft hören.	„fft, fft"
„Alles Gute zum Geburtstag!", krächzt sie und lässt sich munter auf einem Ast nieder, sodass die **Blätter** auf den Boden fallen.	„p, p, p"
Plötzlich hören alle ein lautes Brüllen. Kiara und Flora zucken **erschrocken** zusammen.	Schnappatmung
Doch Cousin Fred beruhigt sie. „Das ist doch nur Leo!" Und tatsächlich: Es nähert sich ein gewaltiger Löwe, der erneut ohrenbetäubend **brüllt**.	„roaaaar"
Das ist seine Art, Kiara zum Geburtstag zu gratulieren. Alle sind begeistert! Solch einen Gruß bekommt so schnell niemand! Kiara freut sich riesig. Während alle erleichtert lachen, kommt aus dem Gebüsch eine riesige **Schlange** angeschlichen.	„sssss"
Auch sie, Pia genannt, kommt zur Geburtstagsparty. Kiara freut sich, dass sie dabei ist, und begrüßt sie herzlich. Zu guter Letzt kommt auch noch langsam Koala Bodo **angetrottet**.	auf der Stelle gehen, trotten
Er macht keine großen Worte, sondern setzt sich gemütlich auf einen dicken Ast und kaut genüsslich einige Eukalyptusblätter. **Mhm!** Wie ihm das schmeckt.	Bauch reiben, kauen „Mhm!"

Die anderen geben sich damit nicht zufrieden. Sie wollen nicht nur herumsitzen. Gut, dass Kiara auch noch eine ganze Vogelschar eingeladen hat. Diese **zwitschern** und singen ein Lied nach dem anderen.	„piep, piep" (verschiedene Tonhöhen)
Ausgelassen **tanzen** die Gäste zur Musik. Alle sind fröhlich und gut gelaunt.	tanzen, bewegen
Die Schlange Pia **rasselt** dazu schwungvoll mit ihrem Schwanz.	„rrr, rrr"
Frido und Fred **schwingen** sich im Rhythmus über den Köpfen der Gäste von einer Liane zur anderen. Das macht ihnen Spaß!	„sch, sch"
Koala Bodo ist etwas zurückhaltender und **klopft** nur mit einem Fuß im Takt mit, während er hoch oben auf einem Ast sitzt.	„tock, tock"
Bis spät in die Nacht feiern sie ausgelassen Kiaras Geburtstag, bis alle ganz **außer Atem** sind vom vielen Tanzen.	ein- und ausatmen, hecheln
Als das **Käuzchen** Momo schließlich mit seinem Ruf die Nacht ankündigt, brechen die Gäste auf und machen sich auf ihren Heimweg.	„hu-hu, hu-hu"
Mit einem fröhlichen **„Danke!"** verabschieden sie sich und gehen müde nach Hause.	„Danke!"

10. Im Zoo

Thema: Tiere

Die Klasse 2b unternimmt heute einen Ausflug in den Zoo. Nachdem alle vollzählig versammelt sind, steigen sie in den **Bus** und fahren voller Vorfreude los.	Lippenflattern „bbbbbb"
Am Ziel angekommen, besuchen sie als Erstes die Affen. Einige der Tiere **greifen** nach oben liegenden Ästen und schwingen sich mit ihren langen Armen von Ast zu Ast.	sich strecken, weit nach oben greifen, mit den Armen schwingen
Hui, hui! Wie ihnen das Spaß macht, sich durch die Luft zu schwingen!	„hui, hui"
Andere sitzen gemütlich am Boden und essen Bananen. **Mhm,** wie ihnen das schmeckt!	kauen, Bauch reiben, Banane öffnen „Mhm!"
Sie gehen weiter zu den Elefanten. Einer hat gerade seinen Rüssel im Wasser. Max und Tina, die ganz weit vorn stehen, ahnen noch nicht, was auf sie zukommt … Der Elefant hebt den Rüssel und spritzt nun das Wasser über die Schulklasse. Wie er dabei **prustet**!	„pfrrr"
Hunderte von kleinen **Wassertropfen** ergießen sich über die Schulklasse.	„p, p, p"
Max und Tina, ganz vorn, haben das Meiste abbekommen. **Puh!**	„Puh!"
Dennoch **lachen** sie lauthals und machen sich einen Spaß daraus.	„Hahaha! Hihihi!"
Der Elefant **trompetet** laut dazu.	„tö-rööö"
Die Kinder **schütteln** sich und wischen die Wassertropfen von ihrer Kleidung.	Arme, Beine ausschütteln/-klopfen
Bei den Kängurus staunt die Klasse, mit welch großen Sprüngen eines der Tiere **angehüpft** kommt.	„boing, boing"
Eine Känguru-Mutter hat ein Kleines vorn in ihrem Beutel. Susi sieht es als Erste und ruft: **Oh! Wie süß!**	„Oh! Wie süß!"

10. Im Zoo

Thema: Tiere

Die Lehrerin geht mit den Kindern weiter zu den Terrarien. Dort sehen sie zuerst einige riesig große Schlangen. Sarah **erschrickt** plötzlich!	Schnappatmung
Eine Klapperschlange stellt drohend ihre **Schwanzrassel** auf.	„sss"
Sarah ist froh, dass sich zwischen ihr und der Schlange eine Glaswand befindet! Sie beruhigt sich wieder und die Klasse bestaunt als Nächstes die vielen bunten Vögel, die in einer riesigen Voliere sind. Unzählige Flügel **flattern** durch die Luft.	„frrr, frrr"
Ganz oben sitzt ein Papagei, der in den schillerndsten Farben glänzt. Er beobachtet das Treiben und kommentiert es mit einem heiseren **Krächzen**.	„kraaa, kraaa"
Die kleineren Vögel **piepen** in den verschiedensten Tonhöhen und Klangfarben und die Kinder hören ihnen fasziniert zu.	„piep"
Danach führt die Lehrerin ihre Klasse zu den Kamelen. Gemächlich **laufen** zwei Tiere umher und lassen sich durch nichts aus der Ruhe bringen.	„dub, dub"
Ein anderes Kamel liegt in einiger Entfernung und **gähnt** ganz entspannt, während es den anderen beiden gelassen zusieht.	gähnen
Nach noch vielen weiteren Eindrücken aus dem Zoo kehren die Kinder mit neuen Erfahrungen und Entdeckungen nach Hause zurück.	

Abb.: Petra Lefin

11. Auf dem Bauernhof

Thema: Tiere

Auf einem kleinen Bauernhof nahe am Waldrand beginnt jeder Tag mit dem gleichen Ritual: Hahn Riko hebt seinen Kopf und schreit sein durchdringendes und begeistertes **Kikerikiiiii.**	„kikeriki"
Schließlich ist er der Frühaufsteher auf dem Bauernhof und stolz darauf, die Weckfunktion übernehmen zu dürfen. Doch so manch anderen Tieren auf dem Bauernhof geht er damit ganz schön auf die Nerven. Besonders von Katze Lilo, die mit ihren drei Jungen auf dem Heuboden in der Nähe des Hühnerstalls schläft, erntet er oft ein missfallendes **Fauchen**.	fauchen „ch, ch"
Schließlich schläft sie gern und viel und hat dabei natürlich am liebsten ihre Ruhe. Dieser Schreihals mit dem roten Kamm auf dem Kopf gehört damit nicht zu ihren engsten Freunden. Andere Tiere jedoch sind ganz froh, ihn zu haben, wie z. B. Schaf Meggie, das sich schon auf das saftige und frische Gras freut. Genüsslich **reckt** und **streckt** es sich nach der langen Nacht.	sich strecken, dehnen
Dazu **gähnt** es geruhsam, ehe es langsam aus dem Stall trottet.	gähnen
Wie herrlich das kühle und frische Gras schon riecht! Meggie **schnuppert** voller Vorfreude.	ein- und ausatmen, schnuppern
Dann läuft sie munter los mitten auf die Wiese und beginnt, das leckere Gras zu **rupfen**.	„rpf, rpf"
Mhm! Wie ihr das schmeckt.	„Mhm!"
Ein begeistertes **Määäh** schallt über den Hof.	„mäh, mäh"
Inzwischen ist auch Hofhund Poldi aufgewacht und kündigt mit einem noch etwas verschlafenen **Bellen** an, dass er gleich seine Runde zu den Tieren machen wird.	„wou, wou"
Schließlich ist er der Hofhund und er nimmt seine Sache ernst. Zuerst trottet er zu den Hühnern, die fleißig alle Körner **aufpicken**, die in der Wiese verstreut liegen.	„pick, pick"

11. Auf dem Bauernhof

Thema: Tiere

Bei ihnen scheint alles in Ordnung zu sein, genauso wie bei den Kühen, die gemütlich auf der Wiese stehen und sich das **Gras** schmecken lassen.	„rpf, rpf"
Nur Kitty, das kleine Kalb, **trabt** fröhlich über die Wiese.	„trb, trb"
In den Bäumen kommentieren einige Vögel das Treiben, indem sie munter **zwitschern**.	„piep, piep, tschilp, tschilp"
Als Poldi zu dem kleinen Bach kommt, nimmt er ein paar **Schluck** von dem kühlen Wasser.	„schlp, schlp"
Doch was war das? Poldi **erschrickt**.	Schnappatmung
Gespannt lauscht er. War das nicht das **Miauen** eines kleinen Kätzchens?	„miau, miau"
Und richtig: Jetzt sieht er Katerchen Carlo, der sich im Wasser an einem Ast festkrallt und gegen die Strömung ankämpft. Schnell springt Poldi ins Wasser, packt Katerchen Carlo behutsam am Nacken und zieht ihn aus dem Wasser. Sanft legt er ihn ins Gras und muss nach der Anstrengung erst einmal wieder zu **Atem** kommen.	ein- und ausatmen, hecheln
Beide **schütteln** sich das Wasser aus dem Fell.	Arme und Beine ausschütteln
Wie gut, dass Poldi zur rechten Zeit am rechten Ort war! Katerchen Carlo bedankt sich mit einem durchdringenden **Schnurren** bei ihm.	„brrr, brrr"
Nachdem er Carlo zu Katzenmutter Lilo zurückgebracht hat, beendet er seine Runde und hat sich ein Schläfchen in der warmen Morgensonne redlich verdient. Bald hört man sein geruhsames **Schnarchen**.	„rrr – fff, rrr – fff"

12. Der Ponyausflug

Thema: Tiere

Auf einem keinen Bauernhof leben neben vielen anderen Tieren die beiden Ponys Bobby und Lucy. Sie haben eine große Koppel ganz für sich allein, wo sie nach Lust und Laune herumtoben können. So auch heute. Animiert werden sie von einer **Biene**, die die beiden Ponys anscheinend ärgern will und immer wieder um sie herumfliegt.	„bsss, bsss" (stimmhaft)
Anfangs versucht Bobby noch, sie mit seinem Schweif zu verscheuchen, und **wedelt** damit hastig durch die Luft.	„fff, fff"
Doch die Biene ärgert die beiden Ponys weiterhin, sodass Bobby und Lucy es vorziehen, einige Runden über ihre schöne Koppel zu **traben** und die lästige Biene abzuhängen.	„trb, trb"
Dies gelingt ihnen auch und als sie am hinteren Ende der Koppel sind, bemerken sie, dass im Zaun eine Lücke ist. Verdutzt sehen sie sich an: Ob sie es einmal wagen sollten, einen kleinen Ausflug zu machen? Lucy **schnaubt** begeistert.	Lippenflattern, „pfr, pfr"
Und schon ist sie durch die Lücke im Zaun hindurch und wartet auf Bobby, der noch etwas zögert. Ungeduldig **scharrt** sie mit dem Huf.	„krrr, krrr"
Als Bobby endlich auch auf der anderen Seite des Zauns ist, **galoppieren** die beiden schnell und unbemerkt fort.	„trb, trb"
Hui! Wie ihre Mähnen fliegen!	„Hui!"
Und welchen Spaß es macht, über die Wiesen und Felder zu jagen! Als sie an einem kleinen Bach ankommen, machen sie kurz halt und nehmen einen **Schluck** kühles Wasser.	trinken, schlucken
Wie gut das tut! Immer noch sind sie ganz **außer Atem** von dem wilden Rennen.	ein- und ausatmen, hecheln
Also gehen sie langsam weiter Richtung Waldrand und **rupfen** sich dabei einige Happen frisches Gras ab.	„rpf, rpf"
Mhm! Das schmeckt!	„Mhm!"

12. Der Ponyausflug

Thema: Tiere

Lucy, die nie genug bekommen kann von frischem Gras und anderen Köstlichkeiten, **schnuppert**, ob es nicht irgendwo noch etwas anderes Leckeres zu fressen gibt.	ein- und ausatmen, schnuppern
Dabei entdeckt sie am Waldrand ein kleines Häuschen, das vielversprechend aussieht. Ihre Neugierde ist nicht zu bremsen und so trottet sie, während Bobby eifrig weiter Gras rupft, zu dem Häuschen. Dort angekommen, kann sie zunächst nichts Besonderes feststellen. Doch als sie mit der Nase an die Tür stößt, klappt diese plötzlich mit einem lauten Krachen auf. Lucy **erschrickt**.	Schnappatmung
Und jetzt erst sieht sie, wo sie sich hier befindet: Hunderte von Bienen **summen** plötzlich los Richtung Tür.	„bsss, bsss" (stimmhaft)
Oh nein! Nicht schon wieder! Lucy dreht sich schnell um und jagt in wildem Galopp zurück zu Bobby, der immer noch seelenruhig Gras rupft. Als er Lucy in Begleitung des Bienenschwarms kommen sieht, hält er es für das Beste, sich ihr anzuschließen. Und so jagen die beiden zurück Richtung Koppel, sodass ihnen der Wind nur so um die Ohren **weht**.	„sch, sch"
Dort angekommen, schleichen sie sich wieder in die Koppel zurück und **schütteln** sich kräftig durch, um auch die letzten Bienen, die sich in ihrer Mähne verfangen haben, loszuwerden.	Arme und Beine ausschütteln
Das haben sie also nun von ihrem Abenteuer! Ganz müde vom anstrengenden Laufen stehen sie da, als sie von ihren Besitzern gerufen werden: „**Bobby! Lucy!**"	 „Bobby! Lucy!"
Beide **schnauben**, als wollten sie sagen: „Lass uns bloß in Ruhe!"	Lippenflattern „pfr, pfr"

13. Im Wald

Thema: Tiere

Heuschrecke Franz-Josef führt ein gemütliches Leben am Rande eines schönen, hellen Waldes. Da er meist nicht allzu viel zu tun hat und zudem sehr neugierig ist, macht er oft einen Ausflug in den Wald, wo ihm alles viel interessanter und spannender vorkommt als auf der langweiligen Wiese, wo den ganzen Tag lang nicht viel passiert. So macht er es auch heute. Die Sonne scheint und er **hüpft** begeistert zu den ersten Bäumen.	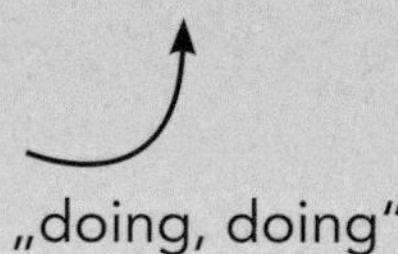 „doing, doing"
Über ihm scheint Schmetterling Feodora auf die gleiche Idee gekommen zu sein. Munter grüßt sie ihn von oben und **tanzt** dabei leicht wie eine Feder mit ihren bunten Flügeln durch die Luft.	„p, p, p"
Wie jedes Mal bewundert er sie neidvoll, weil sie so hübsch durch die Luft fliegen kann. Wenn er das doch auch könnte! Wehmütig seufzt er. **Hach!**	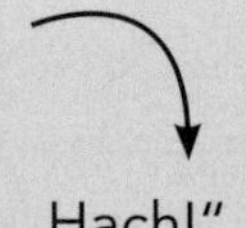 „Hach!"
Aber er kann sich dafür ganz leicht im hohen Gras vor Feinden verstecken. Und seine Künste im Springen soll ihm erst einmal einer nachmachen! Also hüpft Franz-Josef munter weiter auf Entdeckungsreise. Nach einiger Zeit kommt er an einen seltsamen Hügel. So etwas hat er ja noch nie gesehen! Neugierig tastet er mit seinen Fühlern und **schnuppert** an dem Hügel.	ein- und ausatmen, schnuppern
Plötzlich **erschrickt** er.	Schnappatmung
Was ist das denn? Jetzt bemerkt er erst, dass sich im ganzen Haufen unzählige Ameisen bewegen und eilig hin- und herlaufen. Und bevor er seinen Mund zumachen kann, stellt sich auch schon Ameise Lilly vor ihm auf und macht sich so **groß**, wie sie nur kann.	sich strecken, Arme nach oben dehnen
„Was willst du denn hier?", faucht sie ihn mit ihrer piepsigen Stimme an. „N – Nichts!", stottert er verdutzt und hüpft weg. Von ihr wird er sich in Zukunft sicher fernhalten. Als er weiter durch den Wald streift und sich gerade unter einem Baum befindet, fällt plötzlich eine Nuss direkt vor ihm auf den Boden – **plopp**.	„plopp"

Welch ein Schreck! Gut, dass ihn die Nuss nicht getroffen hat! **Puh!**	„Puh!"
Als er nach oben blickt, sieht er Eichhörnchen Loretta auf einem Zweig sitzen und genüsslich an einer Haselnuss knabbern. Das ist mal wieder typisch! Gerade als er sich jedoch bei ihr beschweren will, wird er von einem **dumpfen Geräusch** unterbrochen.	„bumm"
Auch Loretta horcht auf und sieht in einiger Entfernung Dachs Dagobert, der gerade gegen einen Baum gelaufen ist. Verdutzt hält er sich den Kopf und **schüttelt** sich danach erst einmal.	<u>Arme und Beine ausschütteln</u>
Dass ihm das schon wieder passiert ist!? Auch Franz-Josef, der am Baum hochgeklettert ist und ihn sieht, wundert sich über ihn. Dann kommt Dagobert näher und Loretta **huscht** schnell vom Baum herab.	„sch, sch"
Schnell wird beiden klar, dass Dagobert schlecht sieht, denn er umgeht auch ihren Baum nur knapp. Da muss schnell Hilfe her! Nur wie? Loretta und Franz-Josef überlegen. **Hm**.	„hm"
Da hat Franz-Josef eine Idee. Er **wispert** sie Loretta zu.	„swswsw"
Genau! Das ist es! Und schon **hüpft** sie eifrig los und verschwindet im Wald.	„hopp, hopp"
Nach kurzer Zeit kommt sie aufgeregt zurück und berichtet Franz-Josef: **„Ja! Es hat geklappt!"**	„Ja! Es hat geklappt!"
Und schon hören sie von Weitem Elster Kitty, die eine Brille im Schnabel hat und sie nun stolz Dagobert überreicht. Franz-Josef hatte nämlich vor Kurzem gesehen, dass sie die Brille im Wald gefunden hat. Oh! Wie Dagobert sich freut! Er bedankt sich bei seinen drei Freunden und kann nun wieder **singend** durch den Wald marschieren.	„lalalalala"

14. Im Meer

Thema: Tiere

Rund um eine sonnige, einsame Insel mitten im Meer leben viele Fische. Unter ihnen befindet sich auch Sammy, ein kleiner, bunter Fisch. Er liebt es, sich an der Wasseroberfläche nahe dem Strand aufzuhalten. Dort lauscht er oft den **Wellen**, wie sie am Strand auslaufen.	„sch, sch"
Wenn die Sonne scheint, brechen sich zudem ihre Strahlen an seinem Körper. Das Wasser um ihn herum leuchtet in allen Farben. Er kann sich selber kaum daran sattsehen und findet den Tanz der bunten Farben toll, wenn er sich munter **hin- und herbewegt**.	Arme wellenartig bewegen
Meistens kommen dann auch noch seine Freunde Ricky und Charly dazu, die genauso bunt sind wie er selbst. Dann macht es doppelt Spaß! Gemeinsam tanzen sie durch das Wasser, dass es nur so **spritzt**.	„tsch, tsch"
Auch heute spielen sie dieses Spiel und nach einiger Zeit sind sie ganz **außer Atem** vor lauter Toben.	ein- und ausatmen, hecheln
Charly kommt auf die Idee, auf der anderen Seite der Insel nachzusehen, ob es dort nicht wieder die leckeren Algen gibt, die dort viel zu selten wachsen. Die anderen stimmen freudig zu und so schwimmen sie einmal halb um die Insel herum. Und tatsächlich! Hier sind sie! Gierig **knabbern** die drei an den leckeren Pflanzen.	kauen
Mhm! Wie ihnen das schmeckt!	„Mhm!"
Besonders Sammy kann davon gar nicht genug bekommen. Er isst so gierig, dass beständig Luftblasen an die Oberfläche des Wassers **blubbern**.	„blubb, blubb"
Doch plötzlich **erschrickt** er.	Schnappatmung
Was war das? Ricky und Charly knabbern noch genüsslich weiter, doch Sammy schien es, als hätte sich etwas bewegt. Aber vielleicht hat er sich nur getäuscht. Gerade als er weiteressen will, **erschrickt** auch Ricky.	Schnappatmung

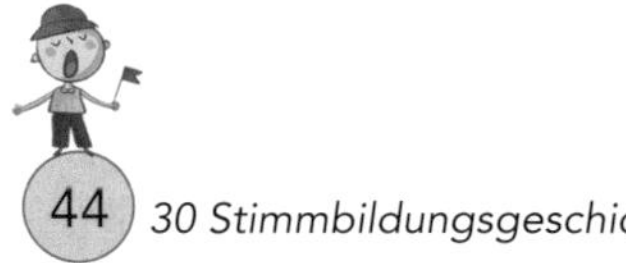

Tatsächlich! Die Alge hat sich bewegt! Die drei Freunde weichen ein Stück zurück und starren nun aus einiger Entfernung regungslos auf die Alge an der Wasseroberfläche. Doch nun ist wieder alles ruhig. Charly traut sich schließlich als Erster, wieder etwas näher zu schwimmen und die Alge genauer zu begutachten. Vorsichtig **schnuppert** an ihr.	ein- und ausatmen, schnuppern
Er überlegt. **Hm.**	„hm"
Vorsichtig schwimmt er wieder zurück zu seinen Freunden und flüstert aufgeregt: „Das ist gar keine Alge!" Und nun sehen sie, dass zwischen den Algen noch etwas anderes ist: etwas mit Haaren ... In diesem Augenblick beginnt das unheimliche Ding, sich wild im Wasser zu bewegen, sodass die drei kleinen Fischchen regelrecht **durchgeschüttelt** werden.	Arme und Beine schütteln
Eigentlich möchten sie am liebsten wegschwimmen – wenn sie nicht so neugierig wären. Und so halten sie einigen Sicherheitsabstand und blicken zurück. An der Wasseroberfläche ist das riesige Gesicht eines Tigers zu sehen. Und als der Tiger die drei bunten Freunde sieht, **faucht** er sie mürrisch an.	fauchen „ch, ch"
Tiger Roy hat nämlich sein Mittagsschläfchen auf einem Felsen am Strand gemacht und dabei ist ihm sein Schwanz ins Wasser gefallen – mitten in die Lieblingsalgen von Sammy, Ricky und Charly. Und wenn die drei nicht aus Versehen seinen Schwanz mit angeknabbert hätten, hätte er ruhig weiterschlafen können. Aber er lässt sich nicht weiter aus der Ruhe bringen, legt sich wieder gemütlich auf seinen Felsen und **schnarcht** bald leise vor sich hin.	„rrr – fff, rrr – fff"
Sammy, Ricky und Charly hingegen sind froh, dass Tiger Roy ihnen im Wasser nichts anhaben kann, und **blubbern** munter fort.	„blubb, blubb" (verschiedene Tonhöhen)

15. Der Vogelchor

Thema: Tiere

Einige Vögel des Waldes, die ganz besonders schön singen können, haben beschlossen, einen Vogelchor zu gründen. An einem schönen Abend ruft nun **Specht** Polterbaum die Sänger auf einer Lichtung zusammen.	„drrr, drrr"
Unter ihnen sind Amsel Schwarzfeder, Drossel Fleckmantel, Fink Dickbauch und Star Spitzschnabel. Diese vier halten sich für die besten Sänger. Sie einigen sich darauf, dass Fink Dickbauch die Leitung des Chors übernehmen soll. Eifrig sucht er sich einen Dirigentenstock und bittet erst einmal um Ruhe, indem er damit auf einen Ast **klopft**.	„tock, tock"
Würdevoll setzt er sich in Position, plustert seine Federn auf und überlegt sich, welches Lied er nun anstimmen möchte. **Hmm** …	„hmm"
Die anderen Vögel lauschen gespannt, während der **Wind** leise in den Blättern der Bäume rauscht.	„sch, sch"
Endlich scheint er ein passendes Lied gefunden zu haben. Er nennt es seinen Sängern und gibt den Einsatz. Und wahrhaftig! Der Chor singt wunderschön. Begeistert **schlägt** Fink Dickbauch mit den Flügeln.	<u>Arme bewegen</u> „frrr, frrr"
Auch die anderen Vögel sind ganz aus dem Häuschen. Sie zwitschern sich gegenseitig „**Ah**" und „**Oh**" zu.	„Ah! Oh!" 
Niemand hätte erwartet, dass das Singen auf Anhieb so gut klappt! Dirigent Dickbauch ist zufrieden und übt mit seinem Chor weitere Stücke, die alle sehr gut klappen. Er schlägt vor, die anderen Tiere des Waldes an ihrem Gesang teilhaben zu lassen und sie zu einem Konzert auf der Waldlichtung einzuladen. Alle sind begeistert und **jubeln**.	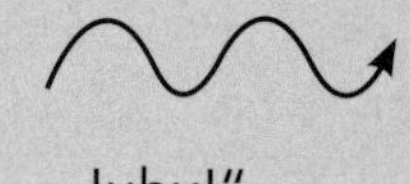 „Juhu!"
Schnell spricht sich der Termin im gesamten Wald herum und der Vogelchor bereitet die Lichtung für das Konzert vor. Endlich ist Sonnabend. Nach und nach füllen sich die Reihen und sämtliche Tiere des Waldes warten auf den Auftritt des Vogelchors. Schließlich ist es so weit: Stolz kommen die Vögelchen in geordneten Reihen angeflogen, setzen sich auf die Äste und **lockern** sich noch einmal.	<u>Arme und Beine ausschütteln</u>

15. Der Vogelchor

Thema: Tiere

Amsel Schwarzfeder und Star Spitzschnabel sitzen nebeneinander. Gerade, als Dirigent Dickbauch den Einsatz geben will, schubst Amsel Schwarzfeder Star Spitzschnabel aus Versehen, sodass dieser beinahe vom Ast fällt. Aufgebracht ruft er: **„Hey!"**	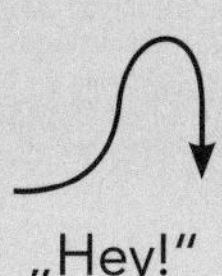 „Hey!"
Drossel Fleckmantel, die hinter den beiden sitzt, mahnt sie zur Ruhe: **„Pssst!"**	„Pssst!"
Doch Star Spitzschnabel lässt sich das nicht gefallen. Es beginnt ein wildes Gezwitscher zwischen den beiden, sodass Fink Dickbauch keine Chance mehr hat, den Einsatz für das Lied zu geben. Die beiden singen in allen Tonlagen quer durcheinander. Dirigent Dickbauch schlägt die Flügel über dem Kopf zusammen und seufzt: **„Oh nein!"**	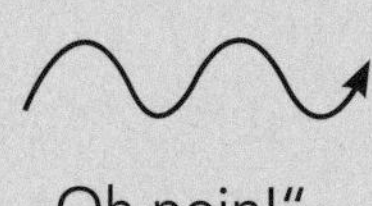 „Oh nein!"
Als die beiden endlich aufhören, sich zu beschimpfen, sitzen alle mucksmäuschenstill da. Wie peinlich für den Chor! Doch was ist das? In der ersten Reihe hüpft ein Häschen freudig auf und ab, klatscht in die Pfoten und ruft begeistert: **„Bravo!"**	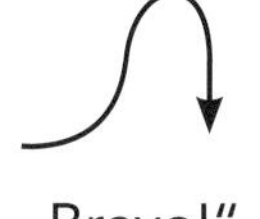 „Bravo!"
Nach und nach stimmen immer mehr Gäste in den Jubel ein – die Menge tobt. Star Spitzschnabel und Amsel Schwarzfeder sehen sich verdutzt an. Sie sind die Meistersänger des Chors! Fink Dickbauch ist erleichtert: **„Puh!"**	 „Puh!"
Das ist ja noch einmal gut gegangen! Fröhlich singen sie nun ihre Lieder und erst als das **Käuzchen** die hereinbrechende Nacht ankündigt, gehen alle nach Hause.	„hu-hu, hu-hu" 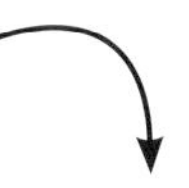
Und es gibt kaum ein Tier, das nicht die Melodie eines Liedes vor sich **hinsummt**.	„mhmhmh"

16. Das Sportfest

Thema: Spiel, Sport und Freizeit

An der Schule ist ein außergewöhnlicher Tag: Es ist Sportfest. Bereits um 8 Uhr morgens geht es los. Das Wetter ist schön warm. Zu Beginn wärmt sich die Klasse 2a erst einmal gut auf. Die Kinder **schütteln** zu Beginn ihre Arme und Beine aus.	Arme und Beine ausschütteln
Dann **laufen** sie ein paar Runden ganz locker.	locker laufen
Nach ein paar Dehnübungen kann es losgehen. Die Klasse 2a ist zuerst mit dem Laufen dran. Aufgeregt gehen Sarah, Frederik, Alisa und Mira an den Start. Als die Startklappe ertönt, laufen sie los, so schnell sie können. Die anderen Kinder feuern sie dabei an und rufen Mira begeistert zu, die als Erste ins Ziel kommt: „**Ja!**"	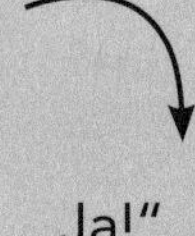 „Ja!"
Die vier Läufer sind nach der Anstrengung ganz außer **Atem**.	ein- und ausatmen, hecheln
Während sie sich erholen, gehen die nächsten vier Kinder an den Start und das gleiche Spiel beginnt. Als die ganze Klasse an der Reihe war, gehen sie weiter zur Wiese, auf der der Weitwurf stattfindet. Kati klagt schon: „**Oje!**"	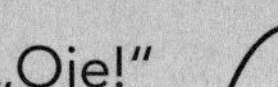 „Oje!" 
Das ist so gar nicht ihr Ding. Alle Kinder der Klasse sind nun wieder nacheinander dran. Moritz erzielt heute seine Bestleistung und jubelt begeistert: „**Juhu!**"	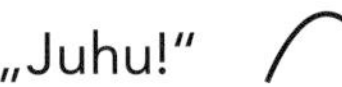 „Juhu!" 
Als Kati an der Reihe ist, kann ihre Leistung sie nicht wirklich überzeugen. Aber sie nimmt es gelassen: „Dafür kann ich Klavier spielen. **Pff!**"	lässige Handbewegung „Pff!"
Schließlich muss man nicht alles können. Dennoch beneidet sie heute ein wenig ihre Freundin Sina, die mit einem gebrochenen Bein auf ihren Krücken läuft und nicht mitmachen kann. Mühsam **hüpft** sie über den Sportplatz.	„hüpf, hüpf"
Aber das ist bestimmt auch nicht so angenehm. Sina folgt der Klasse erst einmal zu einem Stück Wiese, wo sie Pause machen dürfen. Sie machen es sich auf dem Boden gemütlich und essen genussvoll ihre Pausenbrote. **Mhm!**	 Bauch reiben „Mhm!"

Nach der Anstrengung haben sie sich aber eine Stärkung auch redlich verdient. Dazu gibt es natürlich viel zu **trinken**, da dies ja gerade beim Sport ganz wichtig ist.	„gluck, gluck"
Gerade als sich die Kinder gut erholt haben, geht es weiter zum Weitsprung. Wieder nehmen sie nacheinander Anlauf und springen mit einem kräftigen **Tritt** auf das Brett ab.	„dock"
Anschließend landen die Läufer im angenehm weichen **Sand**.	„pluff"
Nicolas hat heute den weitesten Sprung geschafft und ist ganz stolz auf seine Leistung. Wenigstens hier ist er gut, wenn schon seine Noten in Mathematik nicht so toll sind … Die Klasse bejubelt seinen tollen Sprung: **„Toll! Super!"**	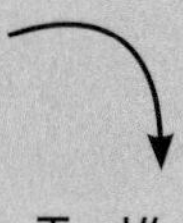 „Toll! Super!"
Anschließend müssen alle erst einmal ihre Schuhe leeren, die inzwischen voller Sand sind. Leise rieselt der **Sand** wieder zurück in die Grube.	„fff, fff"
Jetzt haben sie ihre Aufgaben geschafft! Ganz entspannt dürfen sie sich nun selbst noch ein wenig beschäftigen. Einige Jungs schnappen sich gleich einen Fußball und bald ist ein begeistertes **„Tor!"** zu hören.	„Tor!"
Ein paar Mädchen spielen Federball. Der **Ball** saust hin und her und wird immer wieder vom Schläger angeschlagen.	„fff, plopp, fff, plopp"
Als nach einiger Zeit die Ergebnisse ausgewertet sind, werden die Besten für ihre tollen Leistungen geehrt und bekommen eine Urkunde. Unter ihnen ist auch Nicolas. Mit einem strahlenden Gesicht verabschiedet er sich am Ende des Festes von den anderen: **„Tschüss!"**	 „Tschüss!"

17. Die Bergtour

Thema: Spiel, Sport und Freizeit

Karla und Tommy machen mit ihren Eltern einen Ausflug in die Berge. Die Sonne strahlt vom Himmel und sie treffen ihre letzten Vorbereitungen. Nachdem alles im **Auto** verstaut ist, machen sie sich auf den Weg zu ihrem Ausflugsziel.	Lippenflattern „brmm, brmm"
Dort angekommen, **schnüren** sie sich erst einmal ihre Wanderschuhe, …	Schuhe schnüren
… **ziehen** sich ihre Jacken über …	Jacken anziehen
… und nehmen ihre **Rucksäcke** auf den Rücken.	Rucksack auf den Rücken schnallen
Nun kann es losgehen! Munter marschieren sie los. Tommy **springt** dabei in lustigen Hopsern vor sich hin.	hopsen, hüpfen
Karla stimmt eine kleine **Melodie** an, in die Tommy begeistert einfällt.	„lalalalala"
Nach einigen Minuten erreichen sie die Seilbahn, mit der sie ein Stück den Berg hochfahren wollen. Sie müssen gar nicht lange warten, als die Gondel schon ankommt. Sie steigen ein und in luftiger Höhe erklimmen sie den Berg. Karla ist etwas mulmig und sie seufzt erleichtert, als sie oben wieder aussteigen dürfen. **Puh!**	„Puh!"
Nun kann es richtig losgehen! Von Weitem sehen sie einen Aussichtspunkt, auf den sie erst einmal zusteuern. Tommy **läuft** schnell voraus und ist ganz **außer Atem**, als die anderen dazustoßen.	Laufbewegung, ein- und ausatmen
Karla ist fasziniert von dem tollen Ausblick. Um sie herum sind überall hohe Baumwipfel zu sehen, die leise im Wind **rauschen**.	„sch, sch"
„Ui! Seht mal!", ruft sie plötzlich.	„Ui! Seht mal!"

Ein Adler kreist lautlos über den Baumwipfeln auf der Suche nach Nahrung. Karla hofft, dass sie noch mehr Tiere sehen wird. Voller Vorfreude machen sie sich wieder auf den Weg, um zum Gipfel zu gelangen. Sie wandern durch den Wald und hören den **Vögeln** zu, wie sie ihre Lieder singen.	↷ „piep, piep"
Ein kleiner Bergbach fließt eine Zeit lang neben ihnen her und unterhält sie mit seinem leisen **Rauschen**.	„sch, sch"
Sie wandern weiter und kommen an saftig grünen Wiesen vorbei. Karla entdeckt am Wegrand eine wunderschöne Blume, die einen herrlichen Duft verströmt. Sie kann gar nicht mehr aufhören, an der Blume zu **riechen**.	schnuppern
Von Weitem hören sie einige **Kuhglocken** schellen.	„dong, dong"
Hinter der nächsten Biegung sind dann auch die dazugehörigen Kühe zu sehen, die gemächlich und in aller Ruhe Halme **ausrupfen**.	„rpf, rpf"
Der Weg führt weiter bergan und wird immer steiler. Karla und Tommy kommen ganz schön ins Schwitzen. Daher machen sie eine kurze Pause, um etwas zu **trinken**.	„gluck, gluck"
Danach **strecken** sie sich gemächlich und machen sich gestärkt auf das letzte Stück Weg.	strecken
Karla und Tommy freuen sich schon auf den tollen Ausblick, den sie auf dem Gipfel haben werden, und **stapfen** fröhlich im Gleichschritt auf die letzte Steigung zu.	„pluff, pluff"
Endlich ist es geschafft! Nach dem letzten anstrengenden Stück Weg sind sie auf dem Gipfel angekommen und setzen sich mit einem entspannenden **Seufzen** auf einen Felsen.	↷ „Hach!"
Welch ein herrlicher Blick bietet sich ihnen über die Berge und Täler!	

18. Im Zirkus

Thema: Spiel, Sport und Freizeit

Tina, Lea, Jakob und Maurice besuchen am Nachmittag einen Zirkus, der gerade in der Stadt zu Besuch ist. Die vier sind schon ganz gespannt, was sie dort alles sehen werden. Fröhlich **marschieren** sie los.	gehen, hopsen
Am Zirkuszelt angekommen, sind gerade noch vier Plätze direkt vorn an der Manege frei. Maurice ist ganz begeistert und ruft aufgeregt: „Wir sitzen ganz vorn! **Juhuu!**“	„Juhuu!“
Nach und nach füllt sich das Zelt mit Menschen. Dann geht es endlich los: Die Vorstellung beginnt mit einem lauten **Gongschlag**.	„dong“
Ein Clown betritt die Manege und begrüßt fröhlich das Publikum. Nach ein paar Späßen gibt er die Manege frei für einige Akrobaten. Zwei erklimmen die frei stehenden Leitern und schwingen hoch oben auf **Schaukeln** durch die Luft.	„fff, fff“
Dann hängen sie sich nur mit den Beinen an der Stange ein, lassen sich nach unten fallen und wirbeln einen dritten Akrobaten abwechselnd von links nach rechts durch die Luft, der halsbrecherische Saltos vollzieht. Die Menge hält erstaunt den **Atem** an.	eingeatmet lauschen
Was für ein Schauspiel! Die Akrobaten führen noch weitere riskante Tricks vor. Lea ist erleichtert, als sie wieder sicher auf dem Boden ankommen und ihnen ein begeisterter Applaus entgegengebracht wird. Das Publikum jubelt: „**Bravo!**“	„Bravo!“
Als Nächstes folgt eine Dame mit zehn Ponys. Im Galopp erstürmen sie die Manege, sodass das ganze Zelt von ihren **Hufschlägen** erdröhnt.	„trb, trb“
Die Ponys führen tolle Kunststücke vor. Das Publikum ist begeistert! Anschließend holt die Dame ein kleines Äffchen dazu. Während die Ponys in wildem Galopp durch die Manege jagen, **hüpft** das Äffchen munter von Pferderücken zu Pferderücken und lässt sich durch nichts aus der Ruhe bringen.	„hopp, hopp“ (verschiedene Tonhöhen)

18. Im Zirkus

Thema: Spiel, Sport und Freizeit

Das Äffchen erntet dafür einen tobenden Applaus. Nach ihrem Abgang betreten wieder zwei Clowns die Manege. In schlenkerndem Lauf drehen sie eine Runde und stoßen tolpatschig aneinander, sodass sie hinfallen. Beide rufen gleichzeitig: **„Aua!“**	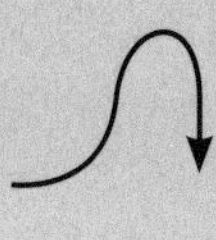 „Aua!“
Mühsam stehen die beiden wieder auf und **schütteln** ihre Arme und Beine aus.	Arme und Beine lockern
Langsam trotten sie zu einer Kiste, die in der Mitte der Manege steht. Ein Clown holt einen **Luftballon** heraus, den er bis zum Äußersten aufbläst.	Luftballon aufblasen
Ganz stolz hält er ihn vor sich und bewundert ihn. Während er den Luftballon dem Publikum zeigt, gerät der andere Clown neidvoll in Wut. Er schleicht sich von hinten an den Clown an und **piekst** ihn in die Seite.	„piek“
Erschrocken lässt der Clown seinen Luftballon los, der mit einem lauten **Flattern** durch die Manege düst.	„frrr, frrr“
Beide Clowns sind nun wütend und verschwinden zankend hinter dem Vorhang. Die Manege ist nun frei für fünf Jongleure. In wilden Formationen werfen sie Bälle, Keulen und Reifen durch die Luft, dass es nur so **saust**.	„fff, fff“
Ein Jongleur wagt es sogar, brennende Keulen durch die Luft zu werfen. Tina und Jakob sind fasziniert. Gebannt schauen sie ihm zu und sind begeistert, als er seine Show beendet und dafür einen tosenden Applaus erntet. Tina ruft erleichtert: **„Puh!“**	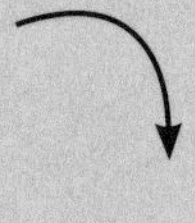 „Puh!“
Sie findet, dass die Darsteller hier ganz schön viele gefährliche Dinge machen. Nach einem langen Schlussapplaus machen sich die vier auf den Heimweg. Nachdem sie sich über das Gesehene ausgetauscht haben, verabschieden sie sich voneinander und rufen sich ein **Tschüss** zu.	 „Tschüss!“

19. Die Bootsfahrt

Thema: Spiel, Sport und Freizeit

Karla und Toni machen mit ihren Eltern Ferien an einem wundervollen See. Dazu gehört natürlich auch, dass sie an einem schönen Sommertag eine Bootsfahrt unternehmen. Am nahe gelegenen kleinen Hafen dürfen Karla und Toni ein strahlend weißes Segelboot besteigen. Karla findet es lustig, wie der Boden unter ihren Füßen **schwankt**.	hin- und herschwanken
Wie aufregend! Sie dürfen sich einen Platz aussuchen. Toni setzt sich ganz vorn in die Nähe des Bugs und sieht zu, wie die **Wellen** des Sees sich sanft an der Bootswand brechen.	„plitsch, platsch"
Dazu scheint die Sonne auf das Wasser und lässt es in hellem Glitzern erstrahlen. Der **Wind** weht sanft über den See.	blasen, pusten
Er lässt das Wasser kleine **Wellen** bilden.	„sch, sch"
Jetzt kann es losgehen. Die erfahrenen Seemänner lassen das Tau los, mit dem das Boot befestigt ist. Langsam treibt es ein Stück weit auf den See hinaus. Nun wird das **Segel** mit einem gleichmäßigen Sausen aufgezogen.	„www"
Der Wind bläht sachte das Segel auf, und das Boot gleitet gleichmäßig über das Wasser. Die **Wellen** brechen sich nun etwas schwungvoller am Bug und sind in gleichmäßigem Takt zu hören.	„schwipp, schwapp"
Karla ist begeistert und begleitet das gleichmäßige Geräusch mit einem fröhlichen „**Hui, hui!**".	„Hui!, hui!"
Sie findet das alles äußerst aufregend und ist froh, dass sie das Schwanken des Bootes gut verträgt. Auch Toni ist begeistert und ruft fröhlich: „**Juhu!**"	„Juhu!"
Ein paar Seevögel, die über dem Boot ihre Runden drehen, antworten ihm mit hellem **Schreien**, das weit über den See schallt.	„ua, ua"
Welch ein herrliches Gefühl das ist, über das Wasser zu fahren! Das **Ruder** am hinteren Ende des Boots gleitet leise durch das Wasser und gibt ihm die Richtung vor.	„fff, fff"

19. Die Bootsfahrt

Thema: Spiel, Sport und Freizeit

Nach einiger Zeit müssen die Seemänner das Boot wenden. Karla und Toni wissen, dass das nicht so ganz einfach ist. Sie halten sich in sicherer Entfernung der Masten gut fest und verfolgen **gespannt**, was jetzt passiert.	eingeatmet lauschen
Ob wohl alles gut gehen wird? Geschickt wenden die Seemänner das Boot, das bei der Verlagerung des Gewichtes ein leises **Ächzen** von sich gibt.	 „äää"
Alles ist gut gegangen! Karla und Toni sind **erleichtert**.	ausatmen „Puh!"
Das Segel ist nun wieder gespannt und das Boot gleitet wieder sanft über den See. Einige Enten befinden sich in direkter Nähe und kommentieren die Fahrt des Segelbootes mit einem aufmunternden **Quaken**.	„quak, quak"
Auf der anderen Seite nähert sich ein Ruderboot, dessen Insassen in gleichmäßigem Takt die **Ruder** im Wasser bewegen.	„pitsch, pitsch"
Da haben es Karla und Toni im Segelboot schon einfacher. Sie lassen den Wind arbeiten. Nach einer Runde über den See steuern sie wieder das Ufer an. Die Seemänner holen das Segel ein und sanft legt das Boot mit einem kurzen, dumpfen **Dröhnen** an dem Steg an.	„dum"
Karla und Toni sind ganz **traurig**, dass die schöne Bootsfahrt schon wieder zu Ende ist.	„Oh!"
Doch ihre Eltern trösten sie: Wenn sie wollen, dürfen sie noch mal solch eine Bootsfahrt mitmachen. Klar, dass sie sich das nicht zweimal sagen lassen, und einstimmig rufen sie: **„Juhu!"**	 „Juhu!"

20. Schwimmen

Thema: Spiel, Sport und Freizeit

David, Chris, Marie und Tina fahren in den Sommerferien fast jeden Tag zum Schwimmen an den nahe gelegenen Baggersee. Auch heute sausen sie mit ihren bepackten Fahrrädern los. Als sie am See ankommen, sind sie ganz **aus der Puste**.	ein- und ausatmen, hecheln
Marie schüttelt erst einmal ihre müden **Beine** aus, für die das Fahrradfahren ganz schön anstrengend war.	Beine ausschütteln
Gemütlich packen sie ihre Sachen aus und suchen sich ein nettes Plätzchen zwischen den Bäumen, wo sie sich niederlassen. Tina braucht erst einmal einen kräftigen Schluck **Wasser** nach der Fahrradstrecke.	„gluck, gluck"
Wie erfrischend! Die vier breiten ihre Badematten aus und **strecken** sich darauf aus.	strecken
Die Sonne scheint durch die Äste der Bäume und leise rascheln die **Blätter** im Wind.	„sch, sch"
Die ruhigen **Wellen** des Sees schwappen gleichmäßig an das Ufer und wirken sehr beruhigend.	„schwapp, schwapp"
Doch Einschlafen ist jetzt nicht drin! Schließlich ist die Clique an den See gekommen, um zu schwimmen. David hat einen Ball dabei, den er aus seiner Tasche holt und **aufbläst**.	blasen, pusten
Ist das anstrengend! **Puh!**	„Puh!"
Als er damit fertig ist, laufen sie freudig los ins kühle Wasser. Wie das ungewohnt kalte Wasser spritzt! **„Oh! Ui! Ha!"**	„Oh! Ui! Ha!"
Alle vier sind sehr gute Schwimmer und stürzen sich mit dem ganzen Körper ins Wasser. Wie wohltuend frisch das ist! Chris taucht gleich unter und kommt **prustend** wieder nach oben.	Lippenflattern, prusten
David, der seinen Ball mit ins Wasser genommen hat, schießt ihn hoch in Richtung der anderen. Marie schafft es, den Ball als erste zu erwischen. Triumphierend ruft sie: **„Ich hab ihn!"**	„Ich hab ihn!"
So geht es weiter: Der Ball bekommt immer wieder einen **Anstoß** mit der Hand und fliegt durch die Luft.	„dupp, dupp"

20. Schwimmen

Thema: Spiel, Sport und Freizeit

Was für ein Spaß! Jeder der vier versucht, als erster den Ball zu fangen, bevor er ins Wasser fällt. Meistens gelingt es ihnen auch. Nach einer Weile beschließen sie, eine kleine Pause zu machen, und legen sich auf ihre Matten am Ufer. Tina hat ein paar Gummibärchen dabei, die sie an alle verteilt. **Mhm!**	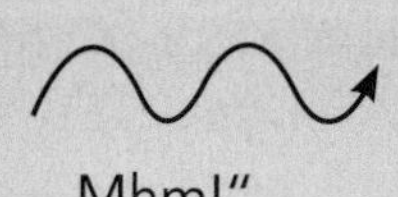 „Mhm!"
Nach einiger Zeit macht Marie den Vorschlag, gemeinsam zur nahe gelegenen Insel im See zu schwimmen. Die anderen stimmen ihr begeistert zu. Sie begeben sich wieder ins Wasser und steuern mit zügigen **Schwimmbewegungen** die Insel an.	Schwimmbewegung „sch, sch"
Marie und David schwimmen voran und, wie immer, um die Wette. Tina und Chris hören bald David von der Insel rufen: **„Erster!"**	„Erster!"
Als alle dort angekommen sind, setzen sie sich eine Weile in den Sand und schauen dem Treiben auf dem See zu. In der Nähe fahren einige Kinder mit einem Paddelboot vorbei, dessen Ruder immer wieder mit einem **Klatschen** ins Wasser tauchen.	„klatsch, klatsch"
So etwas wäre auch toll! Aber sie haben dafür ja den Ball. Nach einer Weile begeben sie sich wieder ins Wasser und schwimmen zurück zu ihren Badematten. Da sich der Nachmittag schon langsam neigt, packen sie bald ihre Sachen zusammen und besteigen ihre Fahrräder. Nach einer kurzen, gemeinsamen Wegstrecke verabschieden sich Tina und Marie, die den gleichen Weg nach Hause haben: **„Tschüss!"**	 „Tschüss!"

Abb.: Norbert Höveler

21. Die Ballonfahrt

Thema: Spiel, Sport und Freizeit

Lisa und Tim dürfen gemeinsam mit ihrem Onkel Hannes eine Ballonfahrt machen. Die beiden freuen sich schon riesig darauf! Als sie bei der Wiese ankommen, sind die beiden richtig aufgeregt. Sie springen aus dem Auto und **hüpfen** vor Begeisterung, als sie den Ballon sehen.	hüpfen
Der Ballon liegt noch unausgebreitet neben dem Korb. Der Steuermann bittet die drei, ihm zu helfen, den Ballon auf der Wiese auszubreiten. Natürlich wollen sie helfen! Vorsichtig **ziehen** sie ihn über dem Boden auseinander.	„fff, fff"
Als das erledigt ist, gibt der Steuermann das erste Mal Gas: Eine mächtige **Flamme** hebt langsam den Ballon in die Höhe.	„sch, sch"
Lisa und Tim sehen gespannt zu. Nach einiger Zeit hat sich der Ballon vollständig vom Boden erhoben und steht nun senkrecht in der Luft. Wie riesig groß er jetzt ist! **Oh!**, staunt Tim.	„Oh!"
Endlich ist es so weit: Gemeinsam dürfen die drei nun in den Korb steigen. Die sportliche Lisa schafft es mühelos allein, über den Rand des Korbes zu hüpfen. **Hopp!** Schon ist sie drin.	springen „hopp"
Tim lässt sich von Onkel Hannes über die hohe Außenwand helfen. Jetzt kann es losgehen. Mit einem lauten Brausen lässt der Steuermann die **Flammen** hochsteigen.	„sch, sch"
Langsam erhebt sich der Ballon vom Boden. Welch ein tolles Gefühl das ist! Immer höher und höher steigen sie. **Hui!**	„Hui!"
Von oben können sie viele bekannte Orte und Straßen sehen. Immer wieder rufen Lisa und Tim: **„Schau mal! Da!"**	„Schau mal! Da!"
Ein Schwarm Vögel umkreist den Ballon. Schnell schlagen ihre **Flügel** in der Luft.	„p, p, p"
Lisa und Tim sind begeistert, wie nahe sie am Ballon vorbeifliegen. Plötzlich schwebt neben Tim eine Feder vorbei. Er versucht, sie zu fassen, aber sie entweicht ihm immer wieder. Schließlich **bläst** er sie sacht fort.	blasen

21. Die Ballonfahrt

Thema: Spiel, Sport und Freizeit

Onkel Hannes macht sie auf die drei Pferde aufmerksam, die weit unten auf einer Koppel galoppieren und deren **Hufschläge** ganz leise zu hören sind.	„trb, trb"
Ob sie wohl bemerkt haben, dass sie von oben beobachtet werden? Auf dem nahe gelegenen Fluss sehen sie einen Dampfer, der dumpf **tutet**, als er an der Anlegestelle ankommt.	„tuuut, tuuut"
Doch was ist das? Auf einer alten Eisenbahnlinie kommt aus der Ferne eine alte **Dampflok** angefahren. Sie ist in dichten Rauch gehüllt und majestätisch wälzt sie sich zwischen den Feldern und Wiesen dahin. Als sie näher kommt, hören die Ballonfahrer ihre zischenden Fahrgeräusche.	„tsch, tsch"
Wie herrlich das alles von oben ist! Tim würde am liebsten den ganzen Tag hier oben bleiben. Aber bald schon ist ihre Ballonfahrt wieder zu Ende und sie steuern den festen Boden an. Lisa findet das sehr schade: **„Oh! Schade!"**	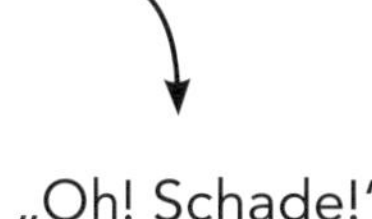 „Oh! Schade!"
Langsam werden die Dinge immer größer und größer, bis schließlich der Korb mit einem Ruck auf der Wiese landet. Jetzt heißt es wieder aussteigen. Ganz traurig klettert Tim über den Rand des Korbes. Und da fragt auch schon Onkel Hannes, ob sie denn gern mal wieder mit dem Ballon fahren würden. Beide sind hellauf begeistert und rufen einstimmig: **„Ja!"**	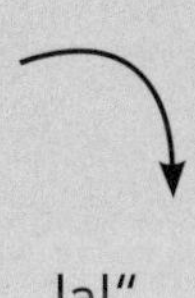 „Ja!"

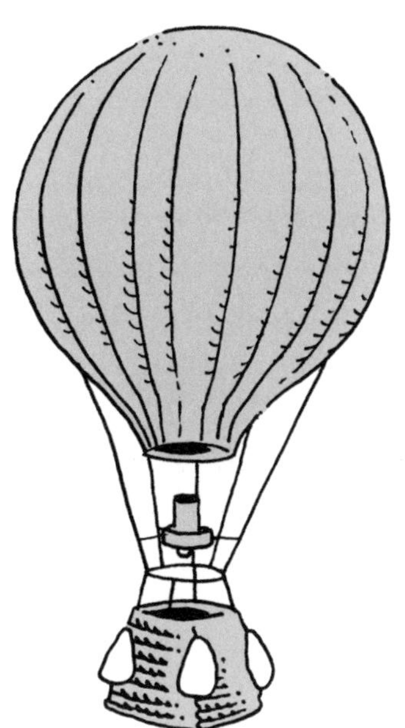

Abb.: Norbert Höveler

22. Das Wettrennen

Thema: Spiel, Sport und Freizeit

Hase Otto, Igel Paul, Katze Camilla, Maus Elli und Hund Niko treffen sich einmal im Jahr zu einem großen Sommerfest. Jeder von ihnen bringt etwas zu **essen** und **trinken** mit, sodass sie sich erst einmal zu einem gemeinsamen Picknick zusammensetzen.	kauen, schlucken
Welch leckere Sachen sie wieder dabeihaben! **Mhm!** Wie ihnen das schmeckt!	Bauch reiben, „Mhm!"
Danach macht Katze Camilla, die mit ihrem trendigen Sportwagen gekommen ist, ihr Autoradio an und alle **tanzen** einige Runden zu fetziger Musik.	tanzen, lockern
Welch ein lustiges Fest! Alle sind fröhlich und freuen sich an dem schönen Tag. Da hat Hase Otto eine Idee: „Wie wäre es mit einer Wettfahrt?" Alle sind begeistert und rufen: **„Oh ja!"**	„Oh ja!"
Gemeinsam legen sie eine Strecke fest, die bewältigt werden muss. Und so gehen sie an den Start: Hase Otto mit seinem Rennrad, Igel Paul mit seinen Profi-Inlineskates, Hund Niko mit seinem Motorrad, Katze Camilla mit ihrem schnellen Sportwagen und allen voran Maus Elli mit ihrem kleinen Sportflugzeug. Und schon geht es los. Auf das Startzeichen **saust** Camilla als Erste los.	„brmm, brmm"
Dicht darauf folgt Niko mit seinem **Motorrad**, der mit lautem Dröhnen schnell aufholt.	„rnn, rnn"
Otto tritt kräftig in die Pedale, sodass ihm der **Fahrtwind** um die Ohren pfeift.	„fff, fff"
Paul, mit vier Inlineskates an seinen Igel-Füßen, ist nicht zu unterschätzen. Er legt ebenso schnell los und **saust** hinterher.	„sch, sch"
Einzig Elli, die sich bereits am Start als Siegerin wähnte, hat Probleme, ihr Sportflugzeug in die Luft zu bekommen. Und während die anderen schon ein Stück entfernt sind, macht ihr Propeller noch **Probleme**, der nicht anspringen will.	„frrr, frrr"

22. Das Wettrennen

Thema: Spiel, Sport und Freizeit

Camilla hat mit ihrem Sportwagen inzwischen fast die Hälfte der Strecke geschafft, als sie über einen Nagel fährt. Mit einem lauten **Zischen** entleert sich ihr rechter Vorderreifen.	„psss"
Jetzt heißt es für sie: schnell Reifen wechseln! Gut, dass sie darin schon geübt ist. Auch Nikos Motorrad macht plötzlich Zicken. Er muss mal wieder das Getriebe überprüfen, was ihm Zeit kostet. Igel Paul und Hase Otto hingegen, die beide gleichschnell unterwegs sind, flitzen mit **Jubeln** an den beiden Pannenfahrzeugen vorbei.	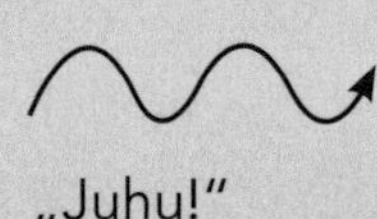 „Juhu!"
Doch da sie wissen, dass Camilla und Niko sehr schnell aufholen können, strengen sie sich mächtig an, damit sie möglichst viel an Vorsprung gewinnen. Beide sind schon ganz **außer Atem**.	ein- und ausatmen, hecheln
Gut, dass das Ziel in Sicht ist! Plötzlich hören sie von hinten die drei Rivalen: Camilla nähert sich mit lautem **Brummen**.	„brmm, brmm"
Ihr folgt ganz dicht Hund Niko, der sein **Motorrad** wieder zum Laufen gebracht hat.	„rnn, rnn"
Und nun ist auch Maus Elli mit ihrem **Sportflugzeug** zu hören.	„brrrr"
Das alles wird sehr knapp! Die letzten Meter sind erreicht und es ist kaum zu glauben: Alle erreichen gleichzeitig das Ziel! Unter lautem **Jubel** verlassen sie ihre Fahrzeuge und laufen aufeinander zu.	 „Juhu!"
Hase Paul und Igel Otto sind froh, dass sie endlich angekommen sind. **Puh!**	„Puh!"
Die beiden werden als die wahren Sieger gefeiert. Und nach einem Stündchen gemütlichen Beisammenseins **verabschieden** sie sich voneinander und werden dieses Sommerfest immer in Erinnerung behalten.	„Tschüss!"

23. Spürnasen

Thema: Spannendes und Fantastisches

Caruso ist ein ganz normaler Hund in einer ganz normalen Familie. Er ist brav und schläft viel. Doch so folgsam er auch ist – wenn ein Abenteuer winkt, dann ist er nicht zu bremsen. Und genau so ein Abenteuer scheint sich gerade anzubahnen, als Caruso früh am Morgen sich **streckt** und **gähnt**.	gähnen, sich strecken
Er **schüttelt** sich einmal kräftig durch, um richtig wach zu werden.	Arme und Beine ausschütteln
Dann begibt er sich wie jeden Morgen hinaus in den Garten, um dort nach dem Rechten zu sehen. Als er ein paar Schritte gegangen ist, zuckt er plötzlich **erschrocken** zusammen.	Schnappatmung
Was ist denn hier los? Am Gartenzaun ist die Mülltonne umgeworfen und der ganze Müll liegt weit über den Rasen verteilt. Na, so was! Caruso läuft schnell hin und **schnüffelt**, ob er vielleicht irgendwelche fremden Gerüche finden kann.	ein- und ausatmen, schnuppern
Doch zwischen all dem Müll ist das kaum machbar. Und so muss er sich damit zufriedengeben, dass das wohl nur ein dummer Jungenstreich war. Aber für die kommende Nacht nimmt sich Caruso vor, ein besonders wachsames Ohr zu haben. Schließlich könnte es sein, dass der Übeltäter noch einmal kommt. Und dann würde sich Caruso etwas überlegen. Am Abend legt er sich wie gewohnt in seinen Korb und lauscht. Doch außer dem Ruf des **Käuzchens** ist nichts zu hören.	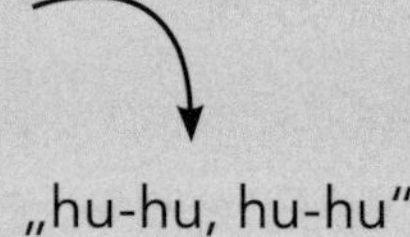 „hu-hu, hu-hu“
Doch da! Was war das? Caruso spitzt die Ohren und **lauscht**.	eingeatmet lauschen
War da nicht ein Geräusch im Garten? Schnell springt er auf und läuft eilig die **Treppe** hinab.	„tripp tripp“ 
Tatsächlich! Wieder liegt die Mülltonne im Garten. Zu dumm, dass er jetzt nicht hinauskann, weil die Tür verschlossen ist. Und so muss er sich momentan damit begnügen, sich wieder in seinen Korb zu legen. Am nächsten Tag wird er sich überlegen, was zu tun ist. Jetzt muss er erst einmal schlafen. Und schon bald ist sein ruhiges **Schnarchen** zu hören.	„rrr – fff, rrr – fff“

Am nächsten Morgen flitzt er sogleich eilig hinaus in den Garten und **schnüffelt** nach einer Spur.	ein- und ausatmen, schnüffeln
Doch nachts hat es geregnet und so riecht alles nur wieder nach dem Müll, der auch gestern schon in der Tonne war. So kann das nicht weitergehen! Er wird sich in der Nacht im Garten auf die Lauer legen, so beschließt er. Als es endlich Abend ist, legt Caruso sich in eine dunkle Ecke nahe der Mülltonne. Leise weht der **Wind** über die Hecke.	„sch, sch"
Endlich! Nach zwei Stunden ist ein leises **Rascheln** in der Nachbarhecke zu hören.	„sch, sch"
Caruso spitzt die Ohren und begibt sich leise in Position. Jetzt ist eine kleine Gestalt zu sehen, die über den Zaun kommt und von oben gerade versucht, den Deckel der Mülltonne zu öffnen. Als die Gestalt es endlich geschafft hat, flitzt Caruso los. Der Übeltäter am Zaun erschrickt so, dass er das Gleichgewicht verliert und mit einem **Schrei** kopfüber in die Mülltonne stürzt.	 „Oh!"
Caruso wirft die Tonne um, sodass sie mit lautem **Poltern** auf dem Rasen landet.	„rumms"
Das wird dem Übeltäter eine Lehre sein! Und nun sieht Caruso, dass es Nachbarskater Roberto ist, der mit Essensresten und gebrauchten Küchentüchern verziert aus der Tonne krabbelt. Na, so was! Dieser freche Kater hat schon lange mal eine Abreibung verdient, findet er. Der Kater sucht schnell das Weite, während Caruso triumphierend **bellt**.	„wuff, wuff"

Abb.: Eva Spanjardt

24. Auf Schatzsuche

Thema: Spannendes und Fantastisches

In den Ferien besuchen Nick und Vivi gemeinsam mit ihren Freunden Sarah und Leopold die Großeltern auf dem Land. Bei ihrer Ankunft steht fest: Das wird ein Riesenspaß! Hier gibt es so viel zu entdecken, dass ihnen bestimmt nicht langweilig wird. Besonders Leopold ist ganz angetan von der großen Wiese, auf der man toll spielen kann. **„Ui!“**, ruft er begeistert.	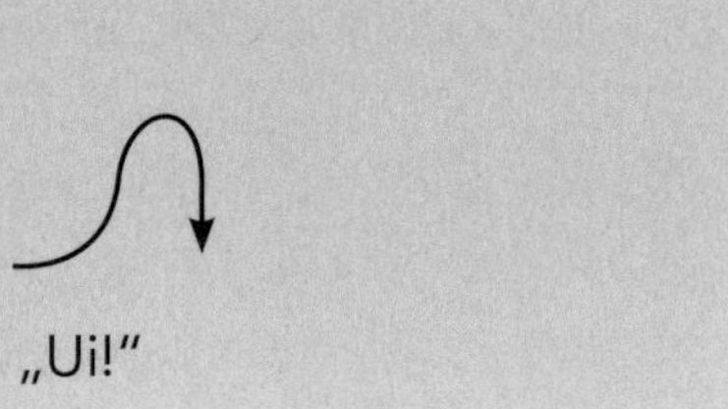 „Ui!“
Nachdem sie ihre Sachen ausgepackt haben, gehen sie erst einmal auf Entdeckungsreise. Sarah freundet sich gleich mit der Katze an, die ihr sodann überallhin folgt und leise **miaut**.	 „miau, miau“
Nach einigen Erkundungen entdecken die Kinder eine alte Tür, die zum Speicher führt. Neugierig drücken sie die Klinke und öffnen die **knarzende** Tür.	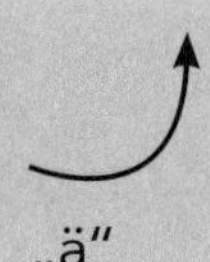 „ä“
Hier liegen allerlei Gerümpel und alte Sachen, die nicht mehr gebraucht werden. Die vier wollen schon wieder enttäuscht umdrehen, als Vivi plötzlich eine alte Zeichnung sieht. Neugierig **hebt** sie den vergilbten Zettel auf.	bücken, etwas aufheben
Sie ist **erstaunt**.	eingeatmet staunen
Aufgeregt ruft sie: **„Eine Schatzkarte!“**	„Eine Schatzkarte!“ 
Die anderen kommen schnell angelaufen. Ob so etwas möglich ist? Vivi will sie bestimmt nur ärgern. Doch als auch Leopold die Zeichnung sieht, ist er sicher: „Wir haben eine Schatzkarte! **Haha!**“	„hahaha“
Nun kann sie nichts mehr halten. Eilig **laufen** sie die Treppe hinab nach draußen.	laufen „tripptripp“ 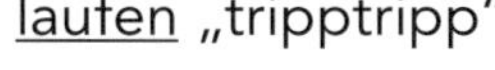
Dort angekommen, setzen sie sich auf die Wiese, um im hellen Sonnenlicht die Karte genauer zu betrachten. Doch sie verstehen nichts! Immer wieder ist nur ein ratloses **„Hä?“** zu hören.	„hä?“
Was bedeuten diese Zeichen und Striche? Es ist zum Verzweifeln. Plötzlich hat Nick eine Idee: **„Da! Seht mal!“**	 „Da! Seht mal!“

24. Auf Schatzsuche

Thema: Spannendes und Fantastisches

Er deutet auf ein Zeichen. „Das ist der Brunnen dort! Und dann ist hier das Wegkreuz und dort die große Linde!" Begeistert stimmen sie zu. Genau! Das ist es! Schnell laufen sie los zu der Linde, bei der sich ein rotes Kreuz auf der Karte befindet. Ganz **außer Atem** kommen sie dort an.	<u>tief atmen</u>, <u>hecheln</u>
Doch was soll hier sein? Weit und breit deutet nichts auf einen Schatz hin. Enttäuscht lassen sie sich auf der Wiese um den Baum herum fallen. **Hach!**	 „Hach!"
Wie schade! Doch plötzlich spürt Sarah unter sich etwas Hartes und **erschrickt**.	<u>Schnappatmung</u>
Was ist das? Die Kinder entfernen das Gras, das darübergewachsen ist – es kommt eine kleine Kiste zum Vorschein … Nick ruft begeistert: „Wir haben den Schatz gefunden. **Juhu!**"	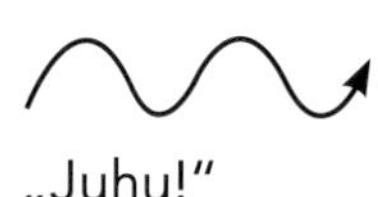 „Juhu!"
Aufgeregt und mit stockendem **Atem** öffnen sie gemeinsam die Kiste.	<u>eingeatmet staunen</u>
Darin liegt eine alte Puppe. Hm. Das soll ein Schatz sein? Etwas erstaunt und verwirrt fragen sie sich, was es wohl mit dieser Puppe auf sich hat. Auf dem Nachhauseweg denken sie sich dafür die wildesten Geschichten aus. Bei den Großeltern angekommen, zeigt Vivi ihrer Oma die Puppe. Diese ist ganz erstaunt und ruft sogleich: **„Oh!"**	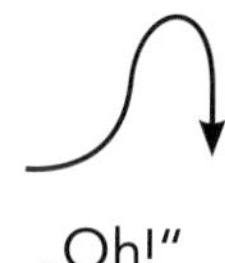 „Oh!"
Sie erzählt den Kindern, dass sie als kleines Mädchen diese Puppe verloren hat. Aber als sie die Zeichnung sieht, erkennt sie, dass wohl ihr Bruder damals die Puppe versteckt hat, um sie zu ärgern. Und da er bald weggezogen war, ist sie seitdem nie wieder aufgetaucht. Die Großmutter freut sich und macht den Kindern zur Belohnung erst einmal einen leckeren Kakao. **Mhm**. Wie der schmeckt!	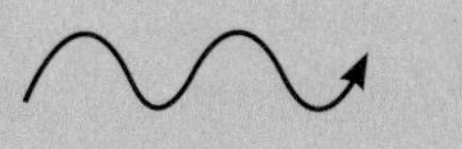 <u>Bauch reiben</u> „Mhm!"

25. Gespenster

Thema: Spannendes und Fantastisches

Auf dem Dachboden eines alten Schlosses leben inmitten von alten Möbeln und unbrauchbaren Dingen die beiden kleinen Gespenster Petronella und Fridolin. Abends, wenn die Bewohner des Schlosses zu Bett gehen, kommen sie aus einem alten Schrank gekrochen und treiben im Haus ihr Unwesen. So auch heute Nacht. Fast lautlos **schleichen** sie über den Dachboden.	„sch, sch"
Dann hat Fridolin eine Idee: „Wir könnten nachsehen, ob es in der Küche etwas Leckeres für uns zu essen gibt!" Petronella ist begeistert: **„Au ja!"**	„Au ja!"
Leise schleichen sie zur Dachbodentür und öffnen sie. Ein **Knarzen** tönt durch das Haus.	„ä"
Petronella versucht, die Tür wieder leise hinter sich zu schließen, aber das gleiche **Knarzen** hallt wieder durch das Schloss.	„ä"
„Pssst!", wispert Fridolin.	„Pssst!"
Doch Petronella weiß selbst, dass sie die Schlossbewohner besser nicht wecken. Sonst wird die Tür zum Dachboden wieder abgesperrt, weil die Kinder nicht ruhig schlafen können. Mit den Hausherren verstehen sie sich sonst nämlich sehr gut. Leise **huschen** sie die lange Treppe hinab.	„tripptripp"
Hoffentlich hört sie niemand … Endlich erreichen sie die Küche. Petronella **schnuppert**, ob sich hier wohl etwas Leckeres für sie befinden könnte.	riechen, schnuppern
Begeistert ruft sie: „Hier gibt es Schokoladencreme! Ich rieche es! **Mhm!**"	Bauch reiben „Mhm!"
Und da! Eine ganze Schüssel voller Schokocreme steht auf der Anrichte! Schnell schnappt sie sich einen Löffel und **schlingt** gierig die Creme hinunter.	„happ, happ"
Fridolin macht sich unterdessen über ein Stück Pizza her – seine Lieblingsspeise. Genüsslich **kaut** er das leckere Essen.	kauen
Plötzlich **erschrecken** beide.	Schnappatmung

25. Gespenster

Thema: Spannendes und Fantastisches

Was war das für ein Geräusch? Es hörte sich an, als ob jemand die Treppe herunterkommen würde. Oje! Jetzt sollten sie schleunigst das Weite suchen. Schnell **huschen** sie zusammen mit dem Wind, der durch das Zimmer weht, zum Fenster hinaus.	„fff, fff"
Das war knapp! Von draußen lauschen sie, ob jemand sie entdeckt hat. Doch es ist niemand zu sehen – außer der Hauskatze Sarafina, die durch das Haus schleicht und leise **miaut**, auf der Suche nach Spielkameraden.	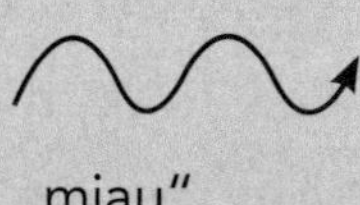 „miau"
Wegen ihr sind also Petronella und Fridolin erschrocken. Erleichtert atmen sie auf. **„Puh!"**	Puh! 
Das ist ja noch mal gutgegangen! Schnell machen sie sich wieder auf den Rückweg zu ihrem Dachboden und verschwinden hinter der **ächzenden** Tür.	„ä ä" 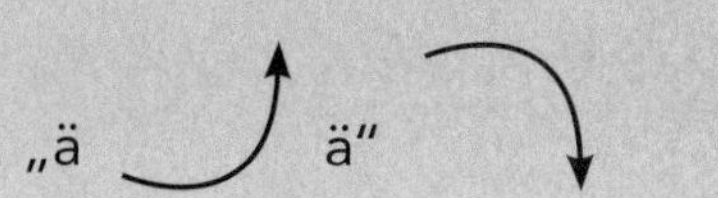
Wie aufregend das war! Und jetzt erst bemerkt Petronella einen riesigen Schokoladenfleck auf ihrem strahlend weißen Gewand. **Oje!**	 „Oje!"
Mit etwas **Spucke** und kräftigem Reiben versucht sie, den Fleck aus dem Stoff zu reiben.	„p, p, p"
Fridolin hingegen macht sich über sie lustig: **„Nutella-Petronella! Nutella-Petronella!"**	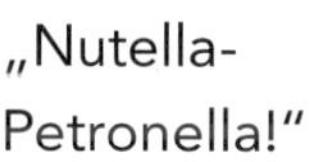 „Nutella-Petronella!" 
Petronella stört das nicht sehr, denn sie hat längst die großen Flecken Tomatensoße auf Fridolins Gewand gesehen. Sie hält ihm einen Spiegel vor die Nase und schüttelt nur den Kopf: **„Ts, ts, ts!"**	Kopf schütteln „ts, ts"

26. Auf Burg Stotterstein

Thema: Spannendes und Fantastisches

Auf Burg Stotterstein leben Familie und Hofstaat von Ritter Stotter. Ritter Stotter hat seinen ungewöhnlichen Namen nicht von ungefähr, denn Ritter Stotter stottert sehr. Und nichts und niemand konnte ihn bisher davon befreien. Seine beiden Kinder, Pamina und Tamino, finden es manchmal sehr komisch, wenn ihr Vater sie ruft: **„P – P – Pamina! T – T – Tamino!"**	„P – P – Pamina! T – T – Tamino!"
Dabei wissen sie, dass ihr Vater das nicht ganz so lustig findet. Anfangs hat es ihm jedes Mal sehr viel Mühe gekostet, sein neues Pferd Feodor einzufangen. Er hat es einfach nicht geschafft, über das „**F**" hinauszukommen.	„f, f, f"
Gut, dass Feodor inzwischen weiß, dass er eigentlich „F" heißt. Dann kommt er meistens mit wehender Mähne und **schnaubend** angetrabt.	Lippenflattern „pfr, pfr"
Manchmal aber ist auch Feodor überfordert: Ein lobendes „Brav" kommt bei ihm oft nur als „**Brrr**" an.	„brrr, brrr"
Und so bleibt Feodor oft abrupt stehen, sodass Ritter Stotter fast vornüberfällt. So auch heute. Als er von einem langen Ritt auf die Burg Stotterstein zurückkommt, muss er erst einmal seinen Körper **durchschütteln**, um alle Teile wieder dahin zurückzubringen, wo sie hingehören.	Arme, Beine ausschütteln
Dann nimmt er das köstliche Abendessen ein, das seine Köchin ihm zubereitet hat: Lavendelblütensuppe und Lorbeereintopf. Sein Lieblingsessen! Genüsslich lässt er es sich schmecken. **Mhm**!	Bauch reiben „Mhm!"
Gerade als er fertig ist, kommen plötzlich Pamina und Tamino in hellem Saus angelaufen und können gar nicht berichten, was ihnen passiert ist, so **außer Atem** sind sie.	atmen, hecheln
Pamina schafft es schließlich als Erste, zu berichten, und sagt nur zwei Worte: „Ein Gespenst!" Ritter Stotter **erschrickt**.	Schnappatmung
Kreidebleich fragt er: **„W – W – W – Wo?"**	„W – W – W – Wo?"

26. Auf Burg Stotterstein

Thema: Spannendes und Fantastisches

Tamino erzählt aufgeregt: „Unten! In der Grotte!" Ritter Stotter ist entsetzt: **„Gr – Gr – Grotte?"**	„Gr – Gr – Grotte?"
Im Schlosshof hören sie Hund Herkules **bellen.**	„wou, wou"
Ritter Stotter muss handeln. Und zwar sofort. Auch wenn er stottert – ein Feigling ist er noch lange nicht. Und so machen sich die drei auf den Weg und überqueren den dunklen Burghof zur Grotte. Im Baum ruft ein **Käuzchen** in die nächtliche Stille.	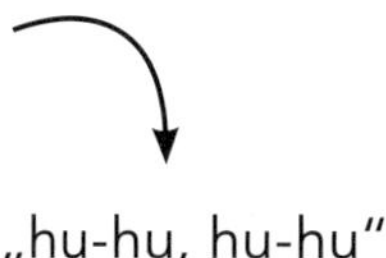 „hu-hu, hu-hu"
Wie unheimlich! Die Tür zur Grotte ist angelehnt. Ritter Stotter öffnet sie und ihr **Ächzen** hallt durch die Grotte.	„ä"
Unter dem gleichen **Ächzen** fällt die Tür hinter den dreien ins Schloss.	„ä"
Im Schein der kleinen Kerze, die Ritter Stotter dabeihat, ist kaum etwas zu sehen. Pamina **schlottert** am ganzen Körper.	<u>Körper schütteln</u>
Plötzlich sehen sie eine weiße Gestalt, die im vorderen Teil der Grotte wandelt. Tatsächlich! Ein Gespenst … Oder? Ritter Stotter hat so eine Ahnung … Und tatsächlich: Plötzlich fällt der weiße Umhang zu Boden und zum Vorschein kommt Burgkater Maximus, der vorn auf dem Sims wandelt und die Besucher mit einem heimeligen **„Miau"** begrüßt.	 „miau"
Pamina und Tamino sind erleichtert. **Puh!**	„Puh!"
Was für ein Schreck! Entspannt gehen sie zurück zur Burg – und anfangs fällt in der Aufregung keinem der drei auf, dass Ritter Stotter nicht mehr stottert. Erst am nächsten Morgen ist der Jubel groß und Maximus **schnurrt** behaglich, als er von allen als großer Held gefeiert wird.	„brrr, frrr"

27. In der Hexenschule

Thema: Spannendes und Fantastisches

Im tiefen Wald Xylonia steht auf einer Lichtung eine kleine, unauffällige Hütte. Dort befindet sich eine Hexenschule, wo Hexe Hexfix ihre Hexenschüler im Hexen unterrichtet. Auch die kleine Hexe Miraxa macht sich jeden Tag auf den Weg zur Hexenschule, um das Hexen zu lernen. So auch heute. Pünktlich um 8 Uhr begrüßt die Klasse ihre Lehrerin: **„Guten Morgen, Hexe Hexfix!"**	 „Guten Morgen, Hexe Hexfix!"
Miraxa und die anderen Hexenschüler lernen heute, wie sie auf einem Besen durch die Luft fliegen können. Endlich! Darauf hat sich die gesamte Klasse schon lange gefreut. Ein begeistertes **Jubeln** tönt durch den Raum.	 „Juhu!"
Hexe Hexfix verteilt an jeden ihrer Hexenschüler einen Besen. Ehrfürchtig halten die kleinen Hexen ihr Kehrgerät in Händen. Damit sie darauf durch die Luft fliegen können, ist jedoch noch einiges zu tun. Hexe Hexfix erklärt ihnen, dass sie den Besen zuerst durch einen Spruch verhexen müssen, damit er fliegen kann. Sie spricht ihn der Klasse vor: **„Hex, hex! Flieg fix! Hex, hex!"**	„Hex, hex! Flieg fix! Hex, hex!"
Dann erklärt sie, dass sie den Spruch 3-mal zu ihrem Besen sagen müssen. Dazwischen sollen sie jeweils einmal auf den Boden stampfen. Die Hexenschüler hören aufmerksam zu und befolgen nun gemeinsam die Anweisungen von Hexe Hexfix. Im Chor sprechen sie: **„Hex, hex! Flieg fix! Hex, hex! – Hex, hex! Flieg fix! Hex, hex! – Hex, hex! Flieg fix! Hex, hex!"**	„Hex, hex! Flieg fix! Hex, hex!" – <u>stampfen</u> – „Hex, hex! Flieg fix! Hex, hex"! – <u>stampfen</u> – „Hex, hex! Flieg fix! Hex, hex!"
Als sie mit dem Spruch fertig sind, ist alles still im Raum: Die Hexenschüler sind gespannt, was nun passiert. Plötzlich **erschrickt** Miraxa.	<u>Schnappatmung</u>
Ihr Besen hat sich in ihren Händen bewegt! Und nun beginnt er, ganz ungeduldig auf dem Boden **hin- und herzuscharren**.	„fff, fff"
Miraxa hat Mühe, ihn am Stiel festzuhalten. Auch die Besen ihrer Klassenkameraden beginnen nun, auf dem Boden zu kehren, sodass im ganzen Raum das **Streichen** der Halme zu hören ist.	„sch, sch"

27. In der Hexenschule

Thema: Spannendes und Fantastisches

Hexe Hexfix führt ihre Klasse nach draußen. Miraxa ist ganz aufgeregt! Was wohl nun passiert? Ob sie es schaffen wird, durch die Luft zu fliegen? Hexe Hexfix zeigt ihren Schülern, wie es geht: Sie legt ihren Besen leicht schräg, setzt sich seitlich darauf und sagt leise: „**Flieg!**“

„Flieg!“

Danach **pustet** sie einmal leicht auf das obere Ende des Besenstiels.

pusten

Und siehe da! Der Besen erhebt sich in die Luft und Hexe Hexfix fliegt elegant eine Runde über der Klasse. Mit einem ruhigen „**Haaaalt!**“ landet sie wieder auf dem Boden.

„Haaaalt!“

Hexe Hexfix erklärt, dass man den Besen ganz einfach am Stiel nach links, rechts, oben und unten lenken kann und dass die Hexenschüler nun versuchen sollten, ihre Besen in die Luft zu bekommen. Miraxa und ihre Klassenkameraden befolgen die Anweisungen und schon fliegen alle über dem Schulhof. **Hui!**

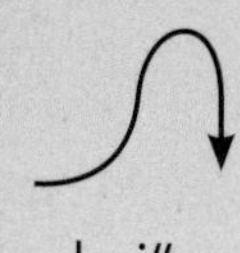

„hui“

Wie das Spaß macht! Schnell haben sie heraus, wie sie den Besen lenken können. Nur Miraxas beste Hexenfreundin Rixa hat ihren Besen anscheinend noch nicht so ganz im Griff … Vor lauter Freude und Jubel fliegt sie mit ihrem Besen direkt in eine Baumkrone. Die anderen hören nur noch **Ästeknacken** und **Blätterrascheln**.

„knack, knack, sch, sch“

Aufgeregt ruft Hexe Hexfix die anderen zurück auf den Boden. Inzwischen ist aus der Baumkrone ein leises Lachen zu hören – und dann ist Rixa zu sehen: Inmitten süßester Kirschen! Neckisch reibt sie sich den Bauch und lässt sich die Kirschen schmecken! „**Mhm!**“

Bauch reiben „Mhm!“

Das ist mal wieder typisch …

28. Die kleinen Vampire

Thema: Spannendes und Fantastisches

In der alten Burgruine lebt die Vampirfamilie Spitzzahn. Diese besteht aus Vater Rodrego, Mutter Priszilla und den beiden Vampirkindern Viktor und Miranda. Jeden Abend kommen sie **gähnend** aus ihren Särgen gekrochen, um in die Dunkelheit aufzubrechen.	gähnen, sich strecken
Während Rodrego und Priszilla sich um die wichtigen Dinge kümmern, haben Viktor und Miranda meistens Zeit, um allein die Umgebung zu erkunden. Dabei kommt es nicht selten vor, dass sie Menschen einen Streich spielen oder einfach nur Unsinn machen. Auch heute Nacht wollen sie noch losziehen und ein **Käuzchen** gibt das Zeichen zum Aufbruch.	„hu-hu, hu-hu"
Sie breiten ihre Arme aus und erheben sich in die Luft, sodass ihre Mäntel leise im Wind **flattern**.	Arme flattern „fff, fff"
Es ist eine ruhige und laue Sommernacht und die Grillen **zirpen** leise im Gras.	„zirp, zirp"
Sonst ist alles still. Zu still, für Mirandas Geschmack. „Komm, lass uns die neue Wohnsiedlung etwas genauer anschauen!" Viktor ist begeistert. Dort könnte man sicher ein paar Streiche spielen. Als sie sich leise den Häusern nähern, hat Miranda schnell ihr Lieblingsziel ausfindig gemacht und ruft Viktor zu: „Schau mal, ein Swimmingpool! **Juhu!**"	 „Juhu!"
Und schon fliegt sie zielstrebig zu dem Garten, wo das Wasser des Pools im Mondlicht schimmert. Wie herrlich! Schon lange wünscht sie sich, sich einmal so richtig in einem Swimmingpool austoben zu können. Als Miranda in ihrer Begeisterung im Garten landen will, übersieht sie aber zunächst einen Kirschbaum, der im Schatten der Nacht ganz unauffällig hinter der Hecke versteckt steht. Mit einem lauten **Rascheln** und **Ästeknacken** ist es mit ihrem graziösen Flug erst einmal vorbei.	„sch, sch, knack, knack"
Unmutig sitzt sie im Baum, während noch einige **Kirschen** leise auf die Erde fallen.	„p, p, p"
Hoffentlich hat sie niemand gehört! Viktor, der inzwischen sicher am Pool gelandet ist, amüsiert sich sehr über Mirandas Ungeschicktheit und **lacht** leise in sich hinein.	„hihihi"

28. Die kleinen Vampire

Thema: Spannendes und Fantastisches

Als seine Schwester endlich auch sicher vom Baum herabgestiegen und am Pool angekommen ist, bestaunen beide das klare Wasser. Obwohl Vampire das kühle Nass eher meiden, übt es auf Miranda und Viktor dennoch eine ganz besondere Anziehungskraft aus. Plötzlich sieht Miranda eine Luftmatratze, die auf dem Wasser schwimmt. **„Ui!"**, ruft sie aufgeregt.	„Ui!"
Und bevor Viktor seine Schwester zurückhalten kann, läuft diese schon los zum anderen Ende des Pools. Dort angekommen, will sie sich gleich auf die Matratze legen und das Unheil nimmt seinen Lauf … Die Matratze **schwappt** samt Miranda gefährlich hin und her.	„schwapp, schwapp"
Und als sie es fast geschafft hat, sich auf der Matratze zu halten, kommt sie mit ihrem langen Eckzahn zu nahe an das Polster. Mit einem lauten **Zischen** entweicht die Luft aus der Matratze.	„psss"
Gleichzeitig **platscht** Miranda nun endgültig ins Wasser.	„platsch, platsch"
Viktor, der das schon vorausgesehen hat, kann sich vor Lachen kaum halten. Doch was war das jetzt plötzlich? Er **erschrickt**.	Schnappatmung
Jemand hat ein Fenster geöffnet. Nun heißt es: schnell weg. Viktor hilft der triefenden Miranda aus dem Pool und die beiden verschwinden schnell durch die Hecke. **Puh!**	„Puh!"
Das war knapp! Und trotzdem ein Riesenspaß! Auf dem Heimweg trocknet der laue **Wind** schnell Mirandas Mantel, sodass ihr nächtliches Abenteuer vor ihren Eltern unentdeckt bleibt.	pusten

29. Piraten

Thema: Spannendes und Fantastisches

Der alte Pirat Captain Rotbart, der viele Jahrzehnte auf den Meeren unterwegs war und unzählige Erfahrungen sammeln konnte, hat eine Piratenschule gegründet. Dort lernen seine Schüler, wie man erfolgreicher Seemann und Pirat wird. Pünktlich um 8 Uhr jeden Morgen ertönt der alte **Gong** und die Schule beginnt.	„dong"
In seiner jüngsten Klasse befinden sich neben einigen anderen Jungen die drei Piratenschüler Johnny, Jack und Eddy. Captain Rotbart hat mit den dreien oft ganz schön viel zu tun und am Ende eines Schultages **seufzt** er oft erleichtert, dass er nun wieder seine Ruhe hat.	seufzen „hach"
Doch heute hat der Schultag erst begonnen und Captain Rotbart will seinen Schülern nun beibringen, wie man sich als Pirat richtig kleidet. Dazu hat er eine Kiste dabei, die voller Klamotten und Schmuck ist. Geheimnisvoll öffnet er die **knarzende** Truhe.	„ä"
Alle Schüler dürfen sich nun erst einmal bedienen und sich piratengemäß anziehen. Johnny, Jack und Eddy sind begeistert. Das wird ein Spaß! Gleichzeitig rufen sie: „**Juhu!**"	„Juhu!"
Zuerst schnappt sich jeder von ihnen eine Augenklappe, denn ohne die geht es gar nicht! Dann findet Jack eine schwere Kette, die er **rasselnd** aus der Kiste hebt und sich umhängt.	„sss, sss"
Eddy hat inzwischen schwere Stiefel gefunden, mit denen er stolz durch den Raum **marschiert**.	gehen „klock, klock"
Und Johnny ist ganz begeistert von dem großen Hut mit den großen **Federn**, die leise durch die Luft streichen, als er seinen Kopf hin- und herbewegt.	„fff, fff"
Captain Rotbart hat an dem Aussehen seiner Schüler so weit nichts auszusetzen und auch sein **Papagei** Morris kräht zustimmend, als er sie sieht.	„kraaa, kraaa"

29. Piraten

Thema: Spannendes und Fantastisches

Gut, dass keiner der Schüler auf die Idee gekommen ist, den lila Umhang oder die goldenen Schühchen anzuziehen. Er sammelt die Kleidungsstücke wieder ein und schließt die **Truhe**.	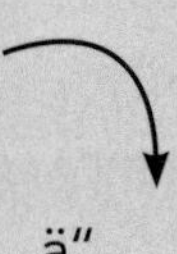 „ä"
Als Hausaufgabe gibt es dieses Mal einen Aufsatz. Die Schüler sollen eine Geschichte über das „Kapern" schreiben. Eddys gute Laune ist nun dahin. Er mault: **„Oh nein!"**	 „Oh nein!"
Schreiben ist nicht gerade seine Stärke. Aber was hilft es? Und so erledigen sie nachmittags ihre Aufgabe. Am nächsten Morgen werden in der Schule die Aufsätze vorgelesen. Als Erster ist Johnny dran. Seine spannende Geschichte findet tosenden Applaus. **„Bravo!"**	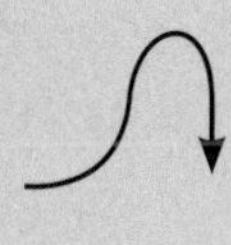 „Bravo!"
Auch Jacks Geschichte gefällt Captain Rotbart. Eddy hingegen ist gerade am Träumen und so muss er von Captain Rotbart 3-mal **ermahnt** werden, bevor er seinen Aufsatz herausholt. "	 „Ed-dy! Eed-dyy! Eeed-dyyy!"
Als er vorliest, verstehen weder seine Kameraden noch Captain Rotbart, wieso Eddy von einem Koch erzählt, der auf einem Piratenschiff kocht. Eine eigenartige Geschichte. Als Eddy fertig ist, fragt ihn Captain Rotbart, wieso er keinen Aufsatz über das Thema „Kapern" geschrieben habe. Eddy ist erstaunt: **„Hä?"**	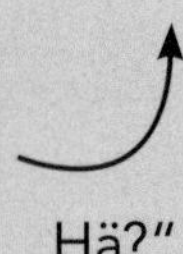 „Hä?"
Er erklärt dem Captain, dass er sehr wohl über Kapern geschrieben habe, denn der Koch würde sehr gern mit Kapern kochen. Und jetzt geht endlich ein verständnisvolles **„Ach so"** durch die Reihen.	 „Ach so!"
Dem folgt jedoch ein lautes **Gelächter**.	„hihihi"
Und Eddy hat die Geschichte nun den Spitznamen **Kapern-Eddy** eingebracht, mit dem er nun immer gerufen wird.	„Kapern-Eddy!" 

30. Raumfahrt

Thema: Spannendes und Fantastisches

Das Mäuschen Theodor, das kleinste in der großen Mäusefamilie, geht eines Abends ganz müde in sein Nestchen, um sich von einem langen Tag auf der Wiese zu erholen. Genüsslich **gähnt** Theodor und macht es sich bequem.	<u>gähnen</u>, <u>strecken</u>
Schnell ist er eingeschlafen und so langsam findet er sich in einem fantastischen Traum wieder: Zusammen mit seinem besten Freund Karli befindet er sich auf einer riesigen Raketenbasis und beide dürfen einen Weltraumflug unternehmen. Was für ein Abenteuer! Begeistert **klatschen** sie in ihre Pfoten und **jubeln**.	<u>klatschen</u>, <u>hüpfen</u> „Juhu!"
Damit sie gut für ihre weite Reise ausgerüstet sind, bekommen sie einen **Anzug**, den sie sich überstreifen.	<u>Anzug anziehen</u>
Dann klettern sie in die riesige Rakete, die schon bereitsteht und startklar ist. Theodor drückt den Knopf mit „Start". Mit einem lauten **Brausen** hebt die Rakete ab.	„sch"
Fasziniert schauen Theodor und Karli auf die Erde hinab. Welch ein Blick! **Ui!**	„Ui!"
Karli sitzt ganz vorn und lenkt die Rakete an einem Lenkrad nach rechts. Mit einem **Zischen** folgt sie der neuen Richtung.	„fff, fff"
Wie aufregend! Nach einem langen Flug erreichen sie schließlich den Mond. Die Rakete landet sicher auf dem Boden und die beiden Mäuschen hüpfen munter aus der Rakete. Theodor ist ganz außer sich. Er ist auf dem Mond! Aufgeregt **läuft** er herum und schüttelt nach der langen Fahrt seine **Füßchen** aus.	<u>laufen</u>, <u>Arme und Beine ausschütteln</u>
Wie es bei Raumfahrern üblich ist, schlagen sie einen **Pflock** mit der Fahne ihrer Mäusefamilie in den Boden.	„tock, tock"
Sie soll zeigen, dass die beiden hier auf dem Mond waren. Danach steigen sie wieder in ihre Rakete und treten den Rückflug an. Wieder fliegt die Rakete mit einem lauten **Dröhnen** los.	„sch, sch"
Karli hat nun aber mächtig Hunger. Haben sie denn nichts zu essen dabei? Prüfend **schnuppert** er.	<u>schnuppern</u>, <u>einatmen</u>

Ha! Hier riecht es doch nach Käse! Tatsächlich! Ganz unten in einer Kiste wird er fündig. Was wäre eine solch lange Raumfahrt ohne ein Stück zu essen? Genüsslich machen sich die beiden über ein Stück leckeren Käse her. **Mhm!** Wie das schmeckt!	kauen, Bauch reiben „Mhm!“
Bald landen sie wieder mit einem lauten **Rumms** auf der Erde.	„rumms“
Nun ist Theodor aber schon wieder froh, zu Hause zu sein. Von Weitem sieht er schon seine Familie und Freunde, die auf die beiden gewartet haben. Fröhlich rufen sie ihnen zu: **„Hallo!“**	„Hallo!“ 
Karli und Theodor sind noch dabei, sich ausgiebig zu **dehnen** und zu **strecken**.	gähnen, sich strecken
Alle wollen wissen, wie es denn auf dem Mond war. Mucksmäuschenstill hören sie den Geschichten der beiden zu. Doch was ist das? Warum ruft Opa Friedrich plötzlich **„Aufstehen!“**?	 „Aufstehen!“
Oje …	„Oje!“ 
Theodor hat verschlafen … Und die Raumfahrt war nur ein schöner Traum. Aber er wird ihn ganz bestimmt all seinen Freunden erzählen!	

Abb.: Norbert Höveler

Medientipps

Literaturtipps

Chilla, Karl-Peter:
Handbuch der Kinderchorleitung.
Ein praktischer Ratgeber.
Schott 2003.
ISBN 978-3-7957-8727-1

Jacobsen, Petra; Stegemeier, Silja; Zieske, Silke:
Chor: klasse! Handreichungen zum Medienpaket für Grundschulklassen.
Schott Music, 2020.
ISBN 978-3795719739

Klee, Tobias:
BUMM! KLACK! TSCH! – Rhythmus kreativ.
Übungen und Arrangements zum Musizieren mit Alltagsgegenständen,
inkl. Videos zur Veranschaulichung.
Kl. 1–10, Verlag an der Ruhr, 2024.
ISBN 978-3-8346-6664-2

Mohr, Andreas:
Handbuch der Kinderstimmbildung.
Schott 1997.
ISBN 978-3-7957-8704-2

Siebenborn, Christina:
Musik an und einfach lostanzen!
Einstiegsübungen, Spiele und erste Tänze für Grundschulkinder.
Kl. 1–4, Verlag an der Ruhr, 2011.
ISBN 978-3-8346-0876-5

Steurich, Christina:
20 x Musik für 45 Minuten. Ausgearbeitete Stunden mit Materialien und Musikstücken.
Verlag an der Ruhr, 2012.
ISBN 978-3-8346-2318-8 (Klasse 1/2)
ISBN 978-3-8346-0962-5 (Klasse 3/4)

Trüün, Friedhilde:
Sing Sang Song. Praktische Stimmbildung für 4–8-jährige Kinder in 10 Geschichten.
Carus 2011.
ISBN 978-3-923053-97-1

Wieblitz, Christiane:
Lebendiger Kinderchor.
Fidula 2007.
ISBN 978-3-87226-941-6